U0863491

个人养老金
精选百问百答

主　编　刘东耀
副主编　俞文宏　李连仁

中国劳动社会保障出版社

图书在版编目（CIP）数据

个人养老金精选百问百答 / 刘东耀主编 . -- 北京：中国劳动社会保障出版社，2024. -- ISBN 978-7-5167-6762-7

Ⅰ. F249.213.4-44

中国国家版本馆 CIP 数据核字第 2024CV2779 号

中国劳动社会保障出版社出版发行

（北京市惠新东街 1 号　邮政编码：100029）

*

北京市白帆印务有限公司印刷装订　　新华书店经销

880 毫米 × 1230 毫米　32 开本　6.25 印张　136 千字

2024 年 10 月第 1 版　　2024 年 11 月第 2 次印刷

定价：36.00 元

营销中心电话：400-606-6496

出版社网址：http://www.class.com.cn

本书编写人员

主　编： 刘东耀

副主编： 俞文宏　李连仁

编委会：（按姓氏笔画排序）

王德英　许　鑫　孙明霞　张再新　陈文宇
郑　科　姚余栋　姚　俊　夏　凡　高　莺
梁景瑞　蔡　华　谭广锋

编　者：（按姓氏笔画排序）

王　勇　王严严　牛　恒　亢　翔　齐爱军
金昊宇　邱伟胜　宋　珂　陈扬扬　易桉同
周　宵　陈拓宙　盛成成　梁　晨　程　晨

指导单位： 深圳市投资基金同业公会

执行单位： 深圳市投资基金同业公会养老金专业委员会

深圳市投资基金同业公会
养老金专业委员会

中央金融工作会议将养老金融列入金融发展重点工作，日益凸显养老金融的重要性和紧迫性。大资管行业将养老金融作为行业发展的重点，既符合中央关于金融发展大方向的要求，又是资管行业发挥专业理财优势，为居民养老提供服务的重要支撑。

深圳市投资基金同业公会为支持大湾区养老金融的发展，结合人口国情和深圳特色，成立了以会员单位为专业主体的养老金专业委员会。专业委员会主要作用是汇集监管部门、政府机关、市场机构等各方力量，全面深化基金公司、证券公司以及商业银行等的交流合作，针对养老金产品设计、营销和投资特点，分析客观情况，解析现存问题，提出发展建议。专业委员会为投资者提供更多适配个人养老投资需求和风险承受能力的养老金产品，提供全流程、全生命周期的服务和陪伴，积极探索实践，为养老金融发展提供深圳样板，贡献深圳经验。

前　言

老有所养、老有所依、老有所安、老有所乐。长期以来，建立和完善养老保险体系不仅是公众关心、社会关注、国家关切的热门话题，也是构建中国式现代化的重要组成部分。近年来，伴随经济持续发展、社会观念转变以及人口结构变化等因素，养老问题日益成为每个人都必须面对的现实挑战。中共中央、国务院高度重视我国养老保险体系建设工作，在国家基本养老保险体系的基础上，补充个人养老金制度，并在中央金融工作会议上首次提出要做好“养老金融”这篇大文章。

个人养老金制度的推出为公众提供更加多元化和个性化的养老保障选择。然而，面对这一利国利民的新兴制度，部分公众还存在一些疑问和困惑，不知道如何参与、如何规划，以及这一制度将如何影响自己的未来生活。为了帮助公众更好地理解个人养老金制度，同时让专业投资机构更好地践行金融的人民性，深圳市投资基金同业公会依托养老金专业委员会编写了这本《个人养老金精选百问百答》。本书旨在提供一个全面、深入、易于理解的视角，以问答的形式，帮助公众掌握个人养老金的相关知识，包括养老概述、政策普及、业务指引、产品选择等内容。

养老概述部分主要介绍我国养老保险体系的形成、推动过程以及参加个人养老金的重要意义。政策普及部分深入分析个人养老金制度的各项规章制度，帮助公众理解制度的具体要求。业务指引部分详细介绍如何开立个人养老金账户，以及如何进行缴费和投资管理。产品选择部分探讨不同类型的投资选择和策略，帮助公众根据自己的风险偏好和财务状况作出明智的养老投资决策。

精选百问：如何有备而老？精选百答：如何老而有备。我们希望本书能够为构筑祥和美好的养老保险体系做出贡献，为即将步入退休生活的老年人、正在规划养老的在职员工，以及对养老政策感兴趣的研究者和政策制定者提供有价值的信息和建议，让更多的人能够了解个人养老金，通过参加个人养老金为自己的老年生活打下坚实的基础，享受安心、舒适的退休生活。

最后，我们要感谢所有参与本书编写并提出意见的专家和工作人员，正是因为他们的辛勤劳动和专业知识，才使得本书的编写能够顺利完成。愿《个人养老金精选百问百答》能够伴随大家开启养老新未来！

深圳市投资基金同业公会

深圳市投资基金同业公会养老金专业委员会

2024 年 8 月

目 录

第一部分 养老概述

第二部分　政策普及

个人投资者及个人账户

第三部分　业务指引

个人投资者

保险公司

基金管理人及基金销售机构

第四部分　产品选择

大类产品选择

个人养老金保险产品

个人养老金基金产品

第一部分

养老概述

问题 1　大众为什么要进行养老规划？

养老规划是贯穿终身的重要议题。随着医疗技术的进步和生活水平的提升，人们的预期寿命持续延长，可能需要更多的资金来维持退休生活。国际上通常把老年人口占总人口的比重这一指标作为衡量人口老龄化的标准，一般把 60 岁及以上的人口占总人口的比重达到 10%，或 65 岁及以上的人口占总人口的比重达到 7% 作为一个国家或地区进入老龄化社会的标准；把 60 岁及以上的人口占总人口的比重达到 20%，或 65 岁及以上人口占总人口的比重超过 14% 作为一个国家或地区进入深度老龄化社会的标准。国家统计局数据显示，2023 年，我国 60 岁及以上人口占总人口的比重达 21.1%，65 岁及以上人口占总人口的比重达 15.4%，意味着我国已进入深度老龄化社会。

问题 2　目前我国养老保险体系由哪些部分组成？

我国拥有一个多层次、多支柱的养老保险体系，旨在为退休人员提供稳定的经济来源，保障其基本生活需求。该体系主要由三支柱构成。

（一）第一支柱：基本养老保险与社会保障基金

基本养老保险由政府主导建立，是公民从国家和社会获得物质帮助的重要途径之一。

根据《中华人民共和国社会保险法释义（二）》，基本养老保险制度，是指缴费达到法定期限并且个人达到法定退休年龄后，国家和社会提供物质帮助以保证因年老而退出劳动领域者稳定、可靠的生活来源的社会保险制度，特点是“广覆盖、保基本、多层次、可持续”。基本养老保险制度由两个部分组成：城镇职工基本养老保险制度、城乡居民基本养老保险制度。

（二）第二支柱：职业养老金

职业养老金作为补充养老保险，旨在提高退休人员的收入水平，包括企业年金和职业年金两大组成部分。

根据《企业年金办法》，企业年金是企业及其职工在依法参加基本养老保险的基础上，自主建立的补充养老保险制度。

根据《机关事业单位职业年金办法》，职业年金是指机关事业单位及其工作人员在参加机关事业单位基本养老保险的基础上，建立的补充养老保险制度。

（三）第三支柱：个人养老金

《个人养老金实施办法》第二条规定，个人养老金是指政府政策支持、个人自愿参加、市场化运营、实现养老保险补充功能的制度。个人养老金实行个人账户制，缴费完全由参加人个人承担，自主选择购买符合规定的储蓄存款、理财产品、商业养老保险、公募基金等金融产品，实行完全积累，按照国家有关规定享受税收优惠政策。

问题 3　第一支柱的参加方式和发展现状如何？

（一）城镇职工基本养老保险制度

覆盖范围。1997年国务院印发《关于建立统一的企业职工基本养老保险制度的决定》，规定企业职工基本养老保险制度主要覆盖城镇各类企业。实行企业化管理的事业单位，原则上按照企业养老保险制度执行。城镇个体劳动者也要逐步实行基本养老保险制度，其缴费比例和待遇水平由省、自治区、直辖市人民政府参照本决定精神确定。2003年，劳动和社会保障部办公厅印发《关于对社会力量所办学校等民办非企业单位参加城镇企业职工养老保险的复函》，规定将社会力量所办学校等民办非企业单位纳入企业职工基本养老保险制度覆盖范围。2005年，国务院印发《关于完善企业职工基本养老保险制度的决定》，扩大了基本养老保险的覆盖范围，明确城镇各类企业职工、个体工商户和灵活就业人员都要参加企业职工基本养老保险。因此，目前企业职工基本养老保险制度主要覆盖城镇各类企业及其职工、企业化管理的事业单位及其职工、城镇个体工商户和灵活就业人员、社会力量所办学校等民办非企业单位职工。

缴费方式。（1）以职工身份参保的，由用人单位和职工个人共同缴纳基本养老保险费；各省实际情况不同，目前常见的缴费比例是，用人单位按本单位职工上年度月平均工资总额的16%缴费，职工个人按本人上年度月平均工资收入的8%缴费。（2）个体工商户和灵活就业人员参加企业职工基本养老保险，可以在本省全口径城镇单位就业人员平均工资的60%和300%之间选择适当的缴费基数。

（二）城乡居民基本养老保险制度

覆盖范围。2014 年，国务院印发《关于建立统一的城乡居民基本养老保险制度的意见》，规定年满 16 周岁（不含在校学生），非国家机关和事业单位工作人员及不属于职工基本养老保险制度覆盖范围的城乡居民，可以在户籍地参加城乡居民基本养老保险。

缴费方式。城乡居民基本养老保险基金由个人缴费、集体补助、政府补贴构成。参加城乡居民基本养老保险的人员应当按规定缴纳养老保险费。缴费标准目前设为 12 个档次，省（区、市）人民政府可以根据实际情况增设缴费档次，参保人自主选择档次缴费，多缴多得。有条件的村集体经济组织应当对参保人缴费给予补助，补助标准由村民委员会召开村民会议民主确定。政府对符合领取城乡居民基本养老保险待遇条件的参保人全额支付基础养老金，其中，中央财政对中西部地区按中央确定的基础养老金标准给予全额补助，对东部地区给予 50% 的补助。

发展现状。根据人力资源社会保障部发布的《2022 年度人力资源和社会保障事业发展统计公报》，截至 2022 年年底，城镇职工基本养老保险覆盖人数达 5.04 亿人，累计结余 5.69 万亿元；城乡居民基本养老保险覆盖人数达 5.50 亿人，累计结余 1.30 万亿元。

除此之外，我国还建立了社会保障基金。根据《全国社会保障基金条例》，全国社会保障基金是国家社会保障储备基金，用于人口老龄化高峰时期的养老保险等社会保障支出的补充、调剂。其筹集和使用方案由国务院确定。

问题 4　第二支柱的参加方式和发展现状如何？

（一）企业年金

覆盖范围。自主建立，依法参加企业职工基本养老保险的用人单位及其职工，都可以建立企业年金。

缴费方式。企业年金所需费用由企业和职工个人共同缴纳，其中企业缴费每年不超过本企业职工工资总额的 8%，企业和职工个人缴费合计不超过本企业职工工资总额的 12%。

发展现状。截至 2023 年年底，参加企业年金的企业数约为 14 万家，参加人数超过 3 144 万人，累计基金规模达 3.19 万亿元。

（二）职业年金

覆盖范围。参保人员范围为按照公务员法管理的单位、参照公务员法管理的机关（单位）、事业单位中，经机构编制部门会同相关部门确定的纳入编制管理范围的人员。

缴费方式。职业年金所需费用由单位和工作人员个人共同承担。单位缴纳职业年金费用的比例为本单位工资总额的 8%，个人缴费比例为本人缴费工资的 4%，由单位代扣。单位和个人缴费基数与机关事业单位工作人员基本养老保险缴费基数一致。

发展现状。根据人力资源社会保障部发布的《2023 年全国职业年金基金市场化投资运营情况》，截至 2023 年年底，职业年金运营规模为 2.56 万亿元。

问题 5　第三支柱的参加方式和发展现状如何？

覆盖范围。根据国务院办公厅印发的《关于推动个人养老金发展的意见》，在我国境内参加城镇职工基本养老保险或城乡居民基本养老保险的劳动者，均可参加个人养老金制度。

缴费方式。个人养老金缴费上限起步为每年 12 000 元，并根据经济社会发展水平、多层次养老保险体系发展情况等因素适时调整。参加人可以按月、分次或按年度缴费，缴费额度按自然年度累计，次年重新计算。

发展现状。根据人力资源社会保障部数据显示，截至 2023 年年底，个人养老金开立账户人数超过 5 000 万人，缴存规模约 280 亿元。目前，个人养老金产品包括公募基金、商业养老保险、理财产品、储蓄存款等。

问题 6 我国个人养老金制度是如何发展的？

（一）探索阶段

◇ 2018 年 2 月 11 日

中国证监会印发《养老目标证券投资基金指引（试行）》。

养老目标基金应当采用基金中基金形式或中国证监会认可的其他形式运作。投资策略包括目标日期策略、目标风险策略以及中国证监会认可的其他策略。养老目标基金定期开放的封闭运作期或投资人最短持有期限不短于 1 年、3 年或 5 年的，基金投资于股票、股票型基金、混合型基金和商品基金（含商品期货基金和黄金 ETF）等品种的比例合计原则上不超过 30%、60%、80%。

◇ 2018 年 4 月 2 日

财政部、税务总局、人力资源社会保障部、银保监会、中国证监会联合印发《关于开展个人税收递延型商业养老保险试点的通知》。

自2018年5月1日起，在上海市、福建省（含厦门市）和苏州工业园区实施个人税收递延型商业养老保险试点。试点期限暂定一年。试点结束后，根据试点情况，有序扩大参与的金融机构和产品范围，将公募基金等产品纳入个人商业养老账户投资范围。

（二）启动阶段

◇ 2022年4月21日

国务院办公厅印发《关于推动个人养老金发展的意见》。

个人养老金实行个人账户制度，每年缴纳上限为12 000元，个人养老金资金账户资金用于购买符合规定的银行理财、储蓄存款、商业养老保险、公募基金等产品。

◇ 2022年6月10日

人力资源社会保障部、财政部、税务总局、银保监会、中国证监会印发《关于推动个人养老金发展的意见》宣传纲领。

针对《关于推动个人养老金发展的意见》，进行具体背景解释及规则细化。

◇ 2022年6月24日

中国证监会印发关于《个人养老金投资公开募集证券投资基金业务管理暂行规定（征求意见稿）》的起草说明。

根据《关于推动个人养老金发展的意见》分步实施、选择部分城市先试行1年再逐步推开的实施安排，在个人养老金制度试行阶段，拟优先纳入最近4个季度末规模不低于5 000万元的养老目标基金；在个人养老金制度全面推开后，拟逐步纳入投资风格稳定、投资策略清晰、长期业绩良好、运作合规稳健，适合个人养老金长期投资的股票基金、混合基金、债券基金、基金中基金和中国证监会规定的其他基金。

我国个人养老金制度发展史

2021年12月
推动发展个人养老金

17日，中央全面深化改革委员会第二十三次会议审议通过了《关于推动个人养老金发展的意见》。强调要推动发展适合中国国情、政府政策支持、个人自愿参加、市场化运营的个人养老金，与基本养老保险、企业（职业）年金相衔接，实现养老保险补充功能。

2022年4月
个人养老金制度的顶层设计文件

21日，国务院办公厅印发《国务院办公厅关于推动个人养老金发展的意见》。

2022年6月
个人养老金制度规则细化

14日，人力资源社会保障部、税务总局、财政部、银保监会、中国证监会印发《关于推动会个人养老金发展的意见》宣传纲领，针对《关于推动个人养老金发展的意见》进行具体背景解释及规则细化。

2022年10月
明确个人养老金的具体实施细则

26日，人力资源社会保障部、财政部等五部门联合印发《个人养老金实施办法》，旨在加强个人养老金业务管理，规范个人养老金运作流程。

2022年11月
明确个人养老金税收优惠政策

3日，财政部、税务总局印发《关于个人养老金有关个人所得税政策的公告》对缴费环节的税前扣除、投资环节的投资收益暂不征税以及领取环节的税收政策等进行规定。

2022年11月
确定先行城市及地区

25日，人力资源社会保障部办公厅、财政部办公厅、税务总局办公厅联合印发《关于公布个人养老金先行城市（地区）的通知》，明确了个人养老金先行城市（地区）名单。

未来展望
提高养老金替代率

完善个人养老金制度

（三）落地阶段

◇ 2022 年 9 月 26 日

国务院常务会议决定，对政策支持、商业化运营的个人养老金实行个人所得税优惠：对缴费者按每年 12 000 元的限额予以税前扣除，投资收益暂不征税，领取收入的实际税负由 7.5% 降为 3%。政策实施追溯到 2022 年 1 月 1 日。

◇ 2022 年 10 月 26 日

人力资源社会保障部、财政部、税务总局、银保监会、中国证监会印发《个人养老金实施办法》。

个人养老金实行个人账户制度，每年缴费上限为 12 000 元，个人养老金资金账户资金用于购买符合规定的银行理财、储蓄存款、商业养老保险、公募基金等金融产品。

◇ 2022 年 11 月 3 日

财政部、税务总局印发《关于个人养老金有关个人所得税政策的公告》。自 2022 年 1 月 1 日起，对个人养老金实施递延纳税优惠政策。在缴费环节，个人向个人养老金资金账户的缴费，按照 12 000 元 / 年的限额标准，在综合所得或经营所得中据实扣除；在投资环节，计入个人养老金资金账户的投资收益暂不征收个人所得税；在领取环节，个人领取的个人养老金，不并入综合所得，单独按照 3% 的税率计算缴纳个人所得税，其缴纳的税款计入“工资、薪金所得”项目。

◇ 2022 年 11 月 4 日

中国证监会印发《个人养老金投资公开募集证券投资基金业务管理暂行规定》。

个人养老金可以投资的基金产品类型包括最近 4 个季度末规模不低于 5 000 万元或者上一季度末规模不低于 2 亿元的养老目标基金；投资风格稳定、投资策略清晰、运作合规稳健且适合个人养老金长期投资的股票基金、混合基金、债券基金、基金中基金和中国证监会规定的其他基金。

◇ 2022 年 11 月 17 日

银保监会印发《商业银行和理财公司个人养老金业务管理暂行办法》并公布首批开办个人养老金业务的机构名单，共有 23 家商业银行和 11 家理财公司获批。

◇ 2022 年 11 月 18 日

中国证监会发布首批个人养老金投资基金产品和销售机构名录。在个人养老金投资基金产品方面，共有 40 家基金管理人的 129 只养老目标基金入选。在销售机构方面，共有 37 家销售机构，包括 16 家商业银行，14 家证券公司，7 家独立基金销售机构获批。

◇ 2022 年 11 月 23 日

银保监会公布首批个人养老金保险产品名单。6 家保险公司的 7 只产品入选。

◇ 2022 年 11 月 25 日

人力资源社会保障部宣布个人养老金制度启动实施，在 36 个城市先行试点。

问题 7 推动个人养老金发展有何重要意义?

《关于推动个人养老金发展的意见》的实施，充分体现了中共中央、国务院对养老保险体系建设和群众切身利益维护的高度重视，建立个人养老金制度并推动发展，是一件利国利民的好事。

第一，有利于完善多层次、多支柱的养老保险体系。建立个人养老金制度，有利于从制度层面补齐第三支柱养老保险的短板，为个人补充养老提供制度保障，有利于进一步健全多层次、多支柱养老保险体系，促进三个支柱协调发展、可持续发展。

第二，有利于满足人民群众多样化的养老保险需求。推动个人养老金发展，顺应了人民群众对养老保险多样化的需求，有利于在我国人口老龄化日益严峻的形势下，引导人们及早谋划并为未来老年生活做准备，有利于通过制度安排，切实提高老年人收入水平，更好地保障老年人生活的需要。

第三，有利于积极应对人口老龄化，促进经济社会发展。个人养老金是对个人储备养老资金的制度性安排，有利于个人理性规划养老资金，合理选择金融产品，是积极应对人口老龄化的重要举措。同时，个人养老金积累的长期资金，还能较好地服务于国家经济社会发展大局。

问题 8　参加个人养老金有什么好处？

第一，参加个人养老金制度最直接的好处，就是可以享受税收优惠政策。个人养老金采用“EET”缴税模式，在缴费环节，个人向个人养老金资金账户的缴费，按照 12 000 元 / 年的限额标准，在综合所得或经营所得中据实扣除；在投资环节，计入个人养老金资金账户的投资收益暂不征收个人所得税；在领取环节，个人领取的个人养老金，不并入综合所得，单独按照 3% 的税率计算缴纳个人所得税。据测算，根据参加人的年收入水平，每年可节税 360 ～ 5 400 元。

第二，个人养老金作为我国现行养老保险制度的重要补充，有利于投资者养老资产保值增值。第一支柱基本养老保险立足于保基本，第二支柱企业年金和职业年金是单位建立的，起补充养老作用，但当前覆盖面还比较有限。个人养老金制度的实施，不仅为参加第二支柱的人员再增加了一条补充养老的渠道，对没有参加第二支柱的人员而言，也增加了一条补充养老的渠道。

第三，可以帮助个人理性规划养老资金。个人养老金资金账户实行封闭式运营管理，在缴费阶段只进不出，个人缴费和投资收益都在账户中滚存，到达领取基本养老金条件时就可以领取个人养老金，从制度上帮助参加人把牢个人养老金的“出口”，有助于个人理性规划养老资金，合理选择投资产品和投资期限，避免提前支取，从而切实起到补充养老的作用。

第四，个人养老金产品的费率相对优惠，有效降低个人投资成本。为了体现个人养老金产品普惠性的特征，在监管部门的指导下，个人养老金产品发行机构对个人养老金产品均实行优惠费率。以公募基金产品为例，其为个人养老金基金设立 Y 份额，作为个人养老金投资的专属份额，与 A 类份额相比，产品费率有一定的优惠。

问题 9 我国发展养老金融的重要现实意义是什么？

2020 年 10 月，党的十九届五中全会审议通过《中共中央关于制定国民经济和社会发展第十四个五年规划和二〇三五年远景目标的建议》，正式提出“实施积极应对人口老龄化国家战略”。该战略事关国家发展全局，事关亿万群众福祉，对于维护国家人口安全和社会和谐稳定、推动实现高质量发展具有重要意义。大力发展养老金融，充分发挥金融在社会养老资源配置中的积极作用，是促进金融服务与养老事业相融合、积极应对人口老龄化的重大举措。

第一，推动养老事业高质量发展，满足人民群众多样化需求。一方面，建立完善的养老保险制度并通过市场化运作实现养老资保险保值增值，有助于实现养老保险体系可持续发展，提高老年人收入水平，保障群众养老安全。另一方面，可以创新养老金融服务、丰富养老金融产品，有效解决供需矛盾，满足群众多元化的需求；同时可为养老产业提供投融资支持，推动养老产业实现规模化发展。

第二，促进金融市场的完善和成熟，推动国家经济结构转型。一方面，养老资金作为长期资金进入金融市场，成为资本市场的重要投资者，有利于扩大金融市场规模，驱动金融市场成熟化，同时能够支持实体经济发展，间接推动产业创新升级。另一方面，储蓄养老向投资养老的转变，有利于增强居民消费动力并优化国家金融结构，推动经济结构转型。

第三，实现应对人口老龄化和促进经济社会发展有效结合。一方面，通过发展养老金融解决养老资金保值增值和养老产业融资投资问题，有利于完善国家政策体系，减轻财政在养老经济保障和服务保障方面的压力。另一方面，通过金融与其他政策间的有效配合，实现养老保障的多渠道供给，凝聚形成制度合力，有助于系统性地解决群众养老问题，推动养老事业全面协调可持续发展。

金融能够跨时间和空间进行资源优化配置的特性，决定了其与养老问题之间的逻辑一致性。金融可以实现在不同时期之间、不同人群之间、不同行业之间、不同地区之间资源的优化配置。养老问题从个人的角度来看，就是将人年轻时积累的资源配置到年老时使用；从社会角度来看，就是年轻人创造的资源通过市场机制配置给老年人享用。养老在个人不同生命阶段之间及社会代际之间实现跨期资源优化配置的特性，决定了金融体系在积极应对人口老龄化方面的适用性与必要性。[①]

① 引自海通证券发布的《银发蓝图：养老金融发展解析》。

在我国参加个人养老金的好处

政府监管

- 政府对个人养老金进行监管，保障资金安全
- 确保养老金按时、足额发放

投资增值

- 养老金可以进行投资，实现资产增值
- 参与市场投资、分享经济增长的成果

提高个人财务规划能力

- 帮助个人更好地规划退休后的财务生活
- 提高个人对金融市场的认识和投资能力

强制储蓄

- 帮助个人养成储蓄习惯
- 避免因冲动消费导致的财务风险

提高社会福利水平

- 增加社会养老保险的覆盖面
- 减轻政府和社会的养老压力

税收优惠

- 享受税收优惠，降低个人税负
- 递延纳税，提高退休后的可支配收入

促进经济发展

- 推动金融市场的发展
- 促进消费和投资，拉动经济增长

退休后的经济保障

- 提供稳定的退休收入
- 缓解退休后收入减少的压力
- 保障退休后的生活质量

增加个人选择权

- 提供多样化的养老金产品供个人选择
- 满足不同人群的养老需求

第二部分

政策普及

问题10　个人养老金的政策制定遵循什么原则?

根据《关于推动个人养老金发展的意见》，推动个人养老金发展坚持政府引导、市场运作、有序发展的原则。注重发挥政府引导作用，在多层次、多支柱养老保险体系中统筹布局个人养老金；充分发挥市场作用，营造公开公平公正的竞争环境，调动各方面积极性；严格监督管理，切实防范风险，促进个人养老金健康有序发展。

根据《〈关于推动个人养老金发展的意见〉宣传提纲》，制定《关于推动个人养老金发展的意见》遵循了三个基本原则。

（一）注重多层次、多支柱养老保险体系的整体性

把个人养老金放在多层次、多支柱养老保险有机整体中统筹把握和设计，在总体待遇中考虑个人养老金的定位，坚持基本保险与补充保险的辩证关系，充分考虑与相关试点政策的衔接。

（二）注重操作简便性和实效性

个人养老金涉及多个部门和行业的政策与运行规则，情况比较复杂。在制定《关于推动个人养老金发展的意见》过程中，坚持以账户制为核心，简化信息运转流程，方便参加人员。切实管住资金，确保实现补充养老功能。

（三）注重维护金融市场规则

个人养老金实行市场化运行，在确立个人养老金制度模式和制定《关于推动个人养老金发展的意见》过程中，充分尊重市场规则，在资金账户开立渠道、确定参与金融机构和金融产品、金融产品销售渠道等方面，由金融监管部门负责，不对金融市场产生不良影响。

问题 11 个人养老金涉及哪些主体？

根据《个人养老金实施办法》，个人养老金涉及的主体主要有监管部门、个人养老金信息管理服务平台、参加人、金融行业平台、参与金融机构。

监管部门指相关政府部门。各参与部门根据职责，对个人养老金的实施情况、参与金融机构和个人养老金产品等进行监管。各地区要加强领导、周密部署、广泛宣传，稳妥有序推动个人养老金发展。

个人养老金信息管理服务平台对接商业银行和金融行业平台，以及相关政府部门，为个人养老金实施、参与部门职责内监管和政府宏观指导提供支持。

参加人应当是在我国境内参加城镇职工基本养老保险或者城乡居民基本养老保险的劳动者。

金融行业平台为金融监管部门组织建设的业务信息平台。

参与金融机构包括经中国银行保险监督管理委员会[①]确定开办个人养老金资金账户业务的商业银行，以及经金融监管部门确定的个人养老金产品发行机构和销售机构。

监管机构及政府部门

问题 12 个人养老金的主要管理部门有哪些？

根据《关于推动个人养老金发展的意见》，人力资源社会保

① 2023 年 3 月，中共中央、国务院印发了《党和国家机构改革方案》，决定在中国银行保险监督管理委员会的基础上组建国家金融监督管理总局，不再保留中国银行保险监督管理委员会。2023 年 5 月 18 日，国家金融监督管理总局正式挂牌。对于本书涉及的在 2023 年 3 月前发布的文件，为方便理解，仍采用“中国银行保险监督管理委员会（银保监会）”名称，对于 2023 年 3 月后发布的文件，采用“国家金融监督管理总局（金融监管总局）”这一名称。

障部、财政部对个人养老金发展进行宏观指导，根据职责对个人养老金的账户设置、缴费上限、待遇领取、税收优惠等制定具体政策并进行运行监管，定期向社会披露相关信息。税务部门依法对个人养老金实施税收征管。相关金融监管部门根据各自职责，依法依规对参与个人养老金运行金融机构的经营活动进行监管，督促相关金融机构优化产品和服务，做好产品风险提示，对产品的风险性进行监管，加强对投资者的教育。

各参与部门要建立和完善投诉机制，积极发挥社会监督作用，及时发现并解决个人养老金运行中出现的问题。

根据《商业银行和理财公司个人养老金业务管理暂行办法》，银保监会及其派出机构依照本办法，对商业银行和理财公司个人养老金业务经营活动进行监督管理。

根据《关于保险公司开展个人养老金业务有关事项的通知》，银保监会及其派出机构应当加强对保险公司经营个人养老金相关业务的监管，针对产品管理、销售管理、投资管理、信息披露等方面发现的问题，采取风险提示、监管约谈、责令限期整改等监管措施，依法进行行政处罚。对涉嫌犯罪的，移送司法机关处理。

根据《个人养老金投资公开募集证券投资基金业务管理暂行规定》，中国证监会及其派出机构依照法律法规和本规定，对个人养老金投资基金业务进行监督管理。中国证券投资基金业协会依照法律法规、本规定及自律规则，对个人养老金投资基金业务实施自律管理。

问题13　管理部门如何开展对个人养老金的监管工作？

（一）人力资源社会保障部、财政部、税务部门

根据《个人养老金实施办法》，人力资源社会保障部、财政

部、税务部门在履行日常监管职责时，可依法采取以下措施：

（1）查询、记录、复制与被调查事项有关的个人养老金业务的各类合同等业务资料；

（2）询问与调查事项有关的机构和个人，要求其对有关问题做出说明、提供有关证明材料；

（3）其他法律法规和国家规定的措施。

人力资源社会保障部门与税务部门应建立信息交换机制，通过个人养老金信息管理服务平台将个人养老金涉税信息交换至税务部门，并配合税务部门做好相关税收征管工作。

参与机构违反《个人养老金实施办法》规定或者相关法律法规的，人力资源社会保障部、财政部、税务部门按照职责依法依规采取措施。

（二）银保监会、中国证监会

根据《个人养老金实施办法》，银保监会、中国证监会根据职责，分别制定配套政策，明确参与金融机构的名单、业务流程、个人养老金产品条件、监管信息报送等要求，规范银行保险机构个人养老金业务和个人养老金投资公募基金业务，对参与金融机构发行、销售个人养老金产品等经营活动依法履行监管职责，督促参与金融机构优化产品和服务，做好产品风险提示，加强投资者教育。

银保监会、中国证监会对金融行业平台有关个人养老金业务的日常运营履行监管职责。

参与金融机构违反《个人养老金实施办法》的，银保监会、中国证监会依法依规采取措施。

问题14 管理部门如何披露个人养老金相关信息？

根据《个人养老金实施办法》，人力资源社会保障部、财政部汇总并披露个人养老金实施情况，包括但不限于参加人数、资金积累和领取、个人养老金产品的投资运作数据等情况。

问题 15　什么是个人养老金信息管理服务平台?

根据《〈关于推动个人养老金发展的意见〉宣传提纲》，个人养老金信息管理服务平台（简称人社信息平台），是由人力资源社会保障部建设的国家级信息平台，与符合条件的商业银行以及相关金融行业平台对接，为参加人、参与金融机构、政府相关部门提供服务。一是与符合条件的商业银行对接，有利于确保资金流和信息流及时准确对应，实现制度运转，提供相关服务，实施政策监管。二是与银保监会和中国证监会的行业平台对接，归集个人养老金产品及交易汇总信息。三是与财政、税务等部门共享信息，便于政策精准实施。

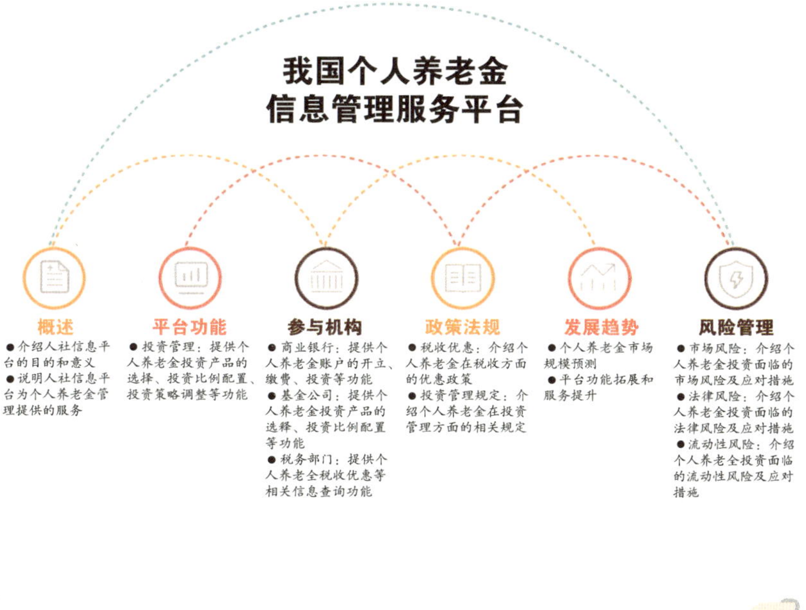

问题 16 人社信息平台如何运行？

根据《个人养老金实施办法》，人社信息平台通过国家社会保险公共服务平台、全国人力资源和社会保障政务服务平台、电子社保卡、掌上 12333 App 等全国统一线上服务入口或者商业银行等渠道，为参加人提供个人养老金服务，支持参加人开立个人养老金账户，查询个人养老金资金账户缴费额度、个人资产信息和个人养老金产品等信息，根据参加人需要提供涉税凭证。

人力资源社会保障部对人社信息平台的日常运行履行监管职责，规范人社信息平台与商业银行、金融行业平台、有关政府部门之间的信息交互流程。

人社信息平台应当及时向商业银行和金融行业平台提供技术规范，确保对接顺畅。推进人社信息平台与相关部门共享信息，为规范制度实施、实施业务监管、优化服务体验提供支持。

市场参与者：产品、机构及平台

问题 17 哪些产品可以成为个人养老金投资标的？

根据《关于推动个人养老金发展的意见》，个人养老金资金账户资金用于购买符合规定的银行理财、储蓄存款、商业养老保险、公募基金等运作安全、成熟稳定、标的规范、侧重长期保值的满足不同投资者偏好的金融产品，参加人可自主选择。参与个人养老金运行的金融机构和金融产品由相关金融监管部门确定，并通过人社信息平台和金融行业平台向社会发布。

根据《商业银行和理财公司个人养老金业务管理暂行办法》，资金账户的资金只能用于购买金融监管机构确定的个人养老金产品，无法确认是否在购买范围内或缺少销售机构等必要信息的，不允许办理交易手续。

根据《个人养老金实施办法》，个人养老金产品及其发行、销售机构由相关金融监管部门确定。个人养老金产品及其发行机构信息应当在人社信息平台和金融行业平台同日发布。

目前，个人养老金产品主要包括个人养老金储蓄存款、个人养老金理财产品、个人养老金保险产品、个人养老金基金产品等。

（一）个人养老金储蓄存款

根据《商业银行和理财公司个人养老金业务管理暂行办法》，开办个人养老金业务的商业银行所发行的储蓄存款（包括特定养老储蓄，不包括其他特定目的的储蓄）可纳入个人养老金产品范围，由参加人通过资金账户购买。参加人仅可购买其本人资金账户开户行所发行的储蓄产品。

（二）个人养老金理财产品

根据《商业银行和理财公司个人养老金业务管理暂行办法》，个人养老金理财产品应当符合法律法规及相关监管规定，具备运作安全、成熟稳定、标的规范、侧重长期保值等特征，包括：

（1）养老理财产品；

（2）投资风格稳定、投资策略成熟、运作合规稳健，适合个人养老金长期投资或流动性管理需要的其他理财产品；

（3）银保监会规定的其他理财产品。

个人养老金理财产品应在销售文件中明确标识“个人养老金理财”字样。

（三）个人养老金保险产品

根据《关于保险公司开展个人养老金业务有关事项的通知》，

保险公司开展个人养老金业务，可提供年金保险、两全保险，以及银保监会认定的其他产品。个人养老金保险产品应当符合以下要求：

（1）保险期间不短于 5 年；

（2）保险责任限于生存保险金给付、满期保险金给付、死亡、全残、达到失能或护理状态；

（3）能够提供趸交、期交或不定期交费等方式满足个人养老金制度参加人交费要求；

（4）银保监会规定的其他要求。

通过保险条款和费率审批或备案的产品可纳入个人养老金保险产品名单。银行保险行业个人养老金信息平台（以下简称银保行业平台）会定期公布个人养老金保险产品名单，以供公众查询和了解。

（四）个人养老金基金产品

根据中国证监会发布的《个人养老金投资公开募集证券投资基金业务管理暂行规定》，个人养老金可以投资的基金产品应当具备运作安全、成熟稳定、标的规范、侧重长期保值等特征，且基金管理人具备《公开募集证券投资基金运作管理办法》第六条规定的条件。产品类型包括：

（1）最近 4 个季度末规模不低于 5 000 万元或者上一季度末规模不低于 2 亿元的养老目标基金；

（2）投资风格稳定、投资策略清晰、运作合规稳健且适合个人养老金长期投资的股票基金、混合基金、债券基金、基金中基金和中国证监会规定的其他基金。

个人养老金基金名录由中国证监会确定，每季度通过中国证监会网站、基金业协会网站、基金行业平台等向社会发布。

问题 18 哪些机构可以发行、销售个人养老金储蓄存款？

发行机构：符合条件的商业银行。

销售机构：符合条件的商业银行。

根据《商业银行和理财公司个人养老金业务管理暂行办法》，截至 2022 年三季度末，一级资本净额超过 1 000 亿元、主要审慎监管指标符合监管规定的全国性商业银行和具有较强跨区域服务能力的城市商业银行，可以开办个人养老金业务。开办个人养老金业务的商业银行所发行的储蓄存款（包括特定养老储蓄，不包括其他特定目的的储蓄）均可纳入购买范围。

问题 19 哪些机构可以发行、销售个人养老金理财产品？

发行机构：符合条件的理财公司。

销售机构：发行产品的理财公司、符合条件的商业银行（代销）。

根据《商业银行和理财公司个人养老金业务管理暂行办法》，截至 2022 年三季度末已纳入养老理财产品试点范围的理财公司，可以开办个人养老金业务。个人养老金理财产品由符合上述条件的理财公司发行。

理财公司可以销售本机构发行的个人养老金理财产品。开办个人养老金业务的商业银行，可以开展个人养老金理财产品代销业务。

问题 20 哪些机构可以发行、销售个人养老金保险产品？

发行机构：符合条件的保险公司。

销售机构：发行产品的保险公司、符合条件的商业银行（代销）。

根据《关于保险公司开展个人养老金业务有关事项的通知》，符合以下条件的保险公司可以开展个人养老金业务：

（1）上年度末所有者权益不低于50亿元且不低于公司股本（实收资本）的75%；

（2）上年度末综合偿付能力充足率不低于150%、核心偿付能力充足率不低于75%；

（3）上年度末责任准备金覆盖率不低于100%；

（4）最近4个季度风险综合评级不低于B类；

（5）最近3年未受到金融监管机构重大行政处罚；

（6）具备完善的信息管理系统，与银保行业平台实现系统连接，并按相关要求进行信息登记和交互；

（7）银保监会规定的其他条件。养老主业突出、业务发展规范、内部管理机制健全的养老保险公司，可以豁免第一款关于上年度末所有者权益不低于50亿元的规定。

根据《商业银行和理财公司个人养老金业务管理暂行办法》，开办个人养老金业务的商业银行，可以开展个人养老金保险产品代销业务。

银保行业平台会定期公布个人养老金保险产品名单，以供公众查询和了解。

问题21 哪些机构可以发行、销售个人养老金基金产品？

发行机构：个人养老金基金的基金管理人。

销售机构：符合条件的基金管理人及其销售子公司、符合条件的证券公司、符合条件的商业银行（代销）。

根据中国证监会印发的《个人养老金投资公开募集证券投资基金业务管理暂行规定》，中国证监会根据以下条件确定可以开展个人养老金基金销售相关业务的基金销售机构名录，并每季度通过中国证监会网站、基金业协会网站、基金行业平台等向社会发布。

（1）经营状况良好，财务指标稳健，具备较强的公募基金销售能力；最近 4 个季度末股票基金和混合基金保有规模不低于 200 亿元，其中，个人投资者持有规模不低于 50 亿元。

（2）公司治理健全，内部控制完善，具备较高的合规管理水平；最近 3 年没有受到刑事处罚或者重大行政处罚；最近 1 年没有因相近业务被采取重大行政监管措施；没有因相近业务存在重大违法违规行为处于整改期间，或者因相近业务涉嫌重大违法违规行为正在被监管机构调查；不存在已经影响或者可能影响公司正常经营的重大变更事项，或者重大诉讼、仲裁等事项。

（3）与基金行业平台完成联网测试。

（4）中国证监会规定的其他条件。

基金管理人及其销售子公司可以办理该基金管理人募集的个人养老金基金的销售相关业务，且不适用前款第（1）项规定。

问题 22　申请募集养老目标基金需要满足哪些条件？

根据《养老目标证券投资基金指引（试行）》，鼓励具备以下条件的基金管理人申请募集养老目标基金：

（1）公司成立满 2 年；

（2）公司治理健全、稳定；

（3）公司具有较强的资产管理能力，旗下基金风格清晰、业绩稳定，最近 3 年平均公募基金管理规模（不含货币市场基金）在 200 亿元以上或者管理的基金中基金业绩波动性较低、规模较大；

（4）公司具有较强的投资、研究能力，投资、研究团队不少于 20 人，其中符合养老目标基金基金经理条件的不少于 3 人；

（5）公司运作合规稳健，成立以来或最近 3 年没有重大违法违规行为；

（6）中国证监会规定的其他条件。

问题 23 什么是个人养老金基金的单设份额？

根据《个人养老金投资公开募集证券投资基金业务管理暂行规定》，个人养老金基金应当针对个人养老金投资基金业务设立单独的份额类别，在基金合同、招募说明书等文件中清晰约定，并依法进行注册或者备案。

目前，个人养老金基金单设份额为 Y 类份额。Y 类份额，是随着个人养老金制度的落地而出现的，是养老目标基金中基金（fund of fund，FOF）专门针对个人养老金设置的专属份额，Y 份额的 Y 取自养老金的拼音首字母。Y 类基金份额，只面向个人养老金资金账户的投资者，以更好地满足投资者对个人养老金基金的投资需求。

问题 24 与其他份额相比，Y 类份额有何特征？

第一，《个人养老金投资公开募集证券投资基金业务管理暂行规定》规定，个人养老金的单设份额类别不得收取销售服务费，可以豁免申购限制和申购费等销售费用（法定应当收取并计入基金资产的费用除外），可以对管理费和托管费实施一定的费率优惠。

第二，单设份额类别独立计算份额净值。

第三，单设份额类别将收益分配方式设置为红利再投资，有助于鼓励投资者在个人养老金积累期长期投资。

问题25 有哪些个人养老金金融行业平台？

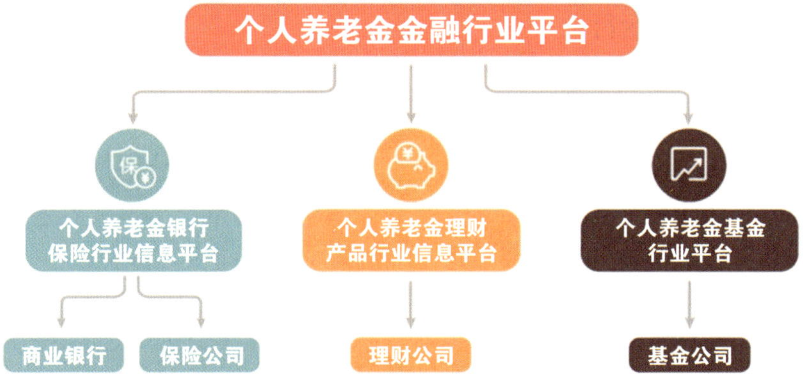

（一）商业银行及理财公司行业

根据《商业银行和理财公司个人养老金业务管理暂行办法》，中国银行保险信息技术管理有限公司和银行业理财登记托管中心有限公司分别建立银保行业平台和个人养老金理财产品行业信息平台（以下简称理财行业平台）。

银保行业平台和理财行业平台按照个人养老金制度要求和实际业务情况，与人力资源社会保障部建立的人社信息平台，银保监会确定可开展个人养老金业务的商业银行、理财公司，以及其他经金融监管机构确定的个人养老金产品发行、销售、托管等机构建立系统对接，为个人养老金业务提供支持，并制定行业平台业务细则。

（二）保险行业

根据《银保监会关于保险公司开展个人养老金业务有关事项

的通知》，中国银行保险信息技术管理有限公司负责建设并运营银保行业平台，支持保险公司承保、理赔、保全等运营操作，按照规定将银保行业平台与人力资源社会保障部个人养老金信息管理服务平台、相关金融机构建立系统连接，制定银保行业平台运营管理制度，做好信息统计和数据报送，落实数据安全责任。

（三）基金行业

根据《个人养老金投资公开募集证券投资基金业务管理暂行规定》，个人养老金基金行业平台（以下简称基金行业平台）是个人养老金投资基金业务的信息服务平台。中国证监会授权中国证券登记结算有限责任公司等机构建设并运营基金行业平台，为个人养老金投资基金业务提供支持，并对基金行业平台相关业务实施管理。

问题 26 金融行业平台应向人社信息平台报送哪些信息？

根据《个人养老金实施办法》，金融行业平台应及时将以下数据报送至人社信息平台：

（1）个人养老金产品发行机构、销售机构的基本信息；

（2）个人养老金产品的基本信息；

（3）参加人投资相关个人养老金产品的交易信息、资产信息数据等。

个人投资者及个人账户

问题 27 根据个人养老金政策规定，哪些人可以成为个人养老金参加人？

为了在不同类型的城市中积累经验，以便更好地反映出个人养老金制度在各类城市的实施效果，并逐步推广至全国，2022年11月17日，人力资源社会保障部办公厅、财政部办公厅、国家税务总局办公厅印发《关于公布个人养老金先行城市（地区）的通知》，正式确定36个先行城市（地区）名单：北京市、天津市、石家庄市、雄安新区、晋城市、呼和浩特市、沈阳市、大连市、长春市、哈尔滨市、上海市、苏州市、杭州市、宁波市、合肥市、福建省、南昌市、青岛市、东营市、郑州市、武汉市、长沙市、广州市、深圳市、南宁市、海口市、重庆市、成都市、贵阳市、玉溪市、拉萨市、西安市、庆阳市、西宁市、银川市、乌鲁木齐市。

根据《个人养老金实施办法》，我国境内参加城镇职工基本养老保险或者城乡居民基本养老保险的劳动者，可以参加个人养老金，已经领取基本养老金的退休人员不能参加个人养老金。个人可自愿选择是否参加。因此，在先行城市（地区）所在地参加职工基本养老保险或城乡居民基本养老保险的劳动者可参加个人养老金。

问题28 户籍在先行城市，但不在先行城市就业的，可以参加个人养老金吗？

根据人力资源社会保障部公众号平台发布的文章，凡是已在试点城市建立基本养老保险关系的劳动者，都可以参加个人养老金，不受实际工作地、个人养老金资金账户开立地等影响。也就是说，参加个人养老金的前提之一是要参加基本养老保险，基本养老保险关系在先行城市的劳动者，即使当前不在先行城市就业，也可以参加个人养老金。

问题29 个人养老金为什么实行个人账户制？

根据《〈关于推动个人养老金发展的意见〉宣传提纲》，个人养老金实行个人账户制度。参加人通过人社信息平台，建立本人的个人养老金账户。个人养老金账户具有唯一性，是参加个人养老金、享受税收优惠政策的基础。之后，参加人指定或者开立一个本人唯一的个人养老金资金账户，用于个人养老金缴费、归集收益、支付，以及缴纳个人所得税，实行完全积累、封闭运行，其权益归参加人所有。

实行个人账户制比较符合我国现阶段国情，一是个人养老金涉及参加人长达几十年的缴费、选择不同的金融产品、缴纳个人所得税和领取，因此需要在人社信息平台开立个人养老金账户，核验参加资格和唯一性，清楚记录所有相关信息，做好服务和保障。二是体现个人的养老责任。个人养老金由个人缴费，实行完全积累，待遇水平取决于领取时个人养老金资金账户的积累额。三是保证实现补充养老功能。个人养老金资金账户封闭运行，参加人工作时缴费，达到领取基本养老金年龄等条件时才能领取，确保实现补充养老功能。

问题30 什么是个人养老金账户？

根据《个人养老金实施办法》，个人养老金账户用于登记和管理个人身份信息，并与基本养老保险关系关联，记录个人养老金缴费、投资、领取、抵扣和缴纳个人所得税等信息，是参加人参加个人养老金、享受税收优惠政策的基础。个人养老金账户具有唯一性。

问题31 什么是个人养老金资金账户？

根据《个人养老金实施办法》，个人养老金资金账户作为特殊专用资金账户，参照个人人民币银行结算账户项下Ⅱ类户进行管理。个人养老金资金账户与个人养老金账户绑定，为参加人提供资金缴存、缴费额度登记、个人养老金产品投资、个人养老金支付、个人所得税税款支付、资金与相关权益信息查询等服务。

个人养老金账户和个人养老金资金账户共同构成了个人养老金制度的核心，前者侧重于信息记录和税收优惠，后者侧重于资金的封闭运行和投资管理。

参加人完成个人养老金资金账户内资金（资产）转移，或者账户内的资金（资产）领取完毕的，商业银行注销该资金账户。

个人养老金资金账户具有唯一性，并且与个人养老金账户互相对应。

问题32 什么是个人养老金基金专用交易账户？

根据《个人养老金投资公开募集证券投资基金业务管理暂行规定》，申购个人养老金基金产品的参加人，应当在基金销售机构的协助下办理个人养老金基金专用交易账户，并绑定个人养老金资金账户作为结算账户。

问题33 什么是基金行业平台账户？

根据《个人养老金基金行业平台运作管理暂行办法》，基金销售机构应当协助首次参加个人养老金投资基金业务的投资人，向基金行业平台申请开立基金行业平台账户（以下简称平台账户）。基金行业平台根据相关申请，为投资人开立唯一的平台账户，作为记录其参与个人养老金投资基金业务情况的载体，并记录平台账户与投资人个人养老金账户、个人养老金资金账户间的关联关系。

第三部分

业务指引

个人投资者

问题34 如何开立个人养老金账户?

根据《个人养老金实施办法》,参加人参加个人养老金,应当通过全国统一线上服务入口或者商业银行渠道,在人社信息平台开立个人养老金账户;其他个人养老金产品销售机构可以通过商业银行渠道,协助参加人在人社信息平台在线开立个人养老金账户。

商业银行渠道。参加人可以通过商业银行提供的线上或线下服务,在人社信息平台开立个人养老金账户。

线上服务入口。参加人也可以通过国家社会保险公共服务平台、全国人力资源和社会保障政务服务平台、电子社保卡、掌上12333 App等全国统一线上服务入口,在人社信息平台开立个人养老金账户。

问题35 如何开立个人养老金资金账户?

根据《〈关于推动个人养老金发展的意见〉宣传提纲》《个人养老金实施办法》,参加人应当指定或者开立一个本人唯一的个人养老金资金账户。个人养老金资金账户可以在符合规定的商业银行指定或者开立,也可以通过其他符合规定的金融产品销售机构指定。《个人养老金实施办法》明确,商业银行可以通过本机构柜面或者电子渠道,为参加人开立个人养老金资金账户,并支持参加人通过商业银行结算账户、非银行支付机构、现金等途径缴费。参加人开立个人养老金资金账户时,应当按照金融监管部门要求向商业银行提供有效身份证件等材料。

根据《商业银行和理财公司个人养老金业务管理暂行办法》，资金账户可以由参加人在开办个人养老金业务的商业银行开立或指定，也可以由参加人通过其他符合规定的个人养老金产品销售机构，在开办个人养老金业务的商业银行指定，但不得由个人养老金产品销售机构直接在商业银行开立。商业银行可以通过柜面或电子渠道为参加人办理资金账户开立或指定服务。资金账户不受6个月未发生交易暂停非柜面服务限制。

参加人向商业银行申请开立资金账户，可以由本人办理或委托他人办理，也可以委托在职单位批量办理。

（一）本人办理

参加人只能选择一家符合条件的商业银行确定一个资金账户，商业银行只能为同一参加人开立一个资金账户。应当配合商业银行严格落实个人账户实名制要求，配合银行做好客户身份信息收集与核查，并完成手机短信验证等必要身份核验工作。具体开户流程见各银行指引。

（二）委托代理

参加人委托他人或单位开立资金账户后，应当按照账户实名制要求，及时办理账户激活手续并设置交易密码。

代理开立资金账户的，商业银行应当要求代理人提供代理人、被代理人有效身份证件的复印件、合法的授权委托书等。商业银行对代理人身份信息的核验应比照本人申请开立资金账户进行，并联系被代理人进行核实。无法确认代理关系的，商业银行不得办理该资金账户开立业务。

商业银行应当登记代理人和被代理人的身份信息，留存代理人和被代理人有效身份证件的复印件或影印件、以电子方式存储的身份信息以及授权委托书原件等，有条件的可以留存开户过程的音频或视频等资料。

单位代理职工开立资金账户的，应当提供单位证明材料、被代理人有效身份证件的复印件或影印件等材料。

单位代理开立资金账户的，在参加人持本人有效身份证件到开户银行营业网点办理身份确认、密码设（重）置等激活手续前，商业银行可以向参加人提供资金转入、产品购买等服务，但不得提供资金领取服务。

问题36　有哪些商业银行可以办理个人养老金业务？

根据《商业银行和理财公司个人养老金业务管理暂行办法》，开办个人养老金业务的商业银行和理财公司名单由银保监会确定。银保监会根据本办法，向社会公布可开办个人养老金业务的商业银行和理财公司名单。理财行业平台定期向社会公布个人养老金理财产品名单。

国家社会保险公共服务平台（https://si.12333.gov.cn）披露，截至2024年8月，开通个人养老金业务的商业银行名单如下。

商业银行个人养老金业务开办情况

序号	商业银行	开通业务				
		资金账户业务	基金交易业务	保险交易业务	理财交易业务	储蓄交易业务
1	招商银行	√	164	7	11	√
2	兴业银行	√	163	7	4	√
3	中国银行	√	156	6	5	√
4	中信银行	√	149	5	1	√
5	交通银行	√	134	7	9	√
6	平安银行	√	145		4	√

续表

序号	商业银行	开通业务				
		资金账户业务	基金交易业务	保险交易业务	理财交易业务	储蓄交易业务
7	农业银行	√	134	10	4	√
8	光大银行	√	119	4	3	√
9	宁波银行	√	109		6	√
10	建设银行	√	105	3	4	√
11	广发银行	√	99	4	4	√
12	民生银行	√	93	4	5	√
13	浦发银行	√	71	6	1	√
14	工商银行	√	47	6	8	√
15	邮储银行	√	46	4	3	√
16	华夏银行	√	48	1		√
17	北京银行	√	37	5	4	√
18	上海银行	√	36	4	6	√
19	江苏银行	√	34	1	3	√
20	浙商银行	√			4	√
21	渤海银行	√		1		√
22	南京银行	√				√
23	恒丰银行					

注：按照商业银行销售公募基金、商业养老保险、银行理财产品数量总数排序。

问题37 个人养老金资金账户开立后是否可以变更？

根据《个人养老金实施办法》，参加人可以在不同商业银行之间变更其个人养老金资金账户。参加人办理个人养老金资金账户变更时，应向原商业银行提出，经人社信息平台确认后，在新商业银行开立新的个人养老金资金账户。参加人在个人养老金资金账户变更后，人社信息平台向原商业银行提供新的个人养老金资金账户及开户行信息，向新商业银行提供参加人当年剩余缴费额度信息。参与金融机构按照参加人的要求和相关业务规则，为参加人办理原账户内资金划转及所持有个人养老金产品转移等手续。

根据《〈关于推动个人养老金发展的意见〉宣传提纲》，参加人变更开户银行时，应当经人社信息平台校验，将原个人养老金资金账户内的资金转移至新的个人养老金资金账户并注销原资金账户。

这样规定，一是确保参加人个人养老金资金账户的唯一性，使参加人按规定缴费并享受优惠政策；二是维护现有金融市场生态，不影响资金账户开户方式，不影响原有销售渠道；三是参加人需变更开户银行时，需“中止”原资金账户（不能再向其中缴费或使用其中资金购买产品），再申请开立或指定新的资金账户。

问题38　个人养老金的缴费额度有何规定?

根据《个人养老金实施办法》，目前，参加人每个年度缴纳个人养老金额度上限为12 000元。参加人可以按月、分次或者按年度缴费，缴费额度按自然年度累计，次年重新计算。未来人力资源社会保障部等相关部门根据社会经济实际情况将适时调整缴费上限。

商业银行应实时登记个人养老金资金账户的缴费额度，对于超出当年缴费额度上限的，应予以提示，并不予受理。

个人养老金没有缴纳金额下限要求。

问题39　个人养老金如何缴存?

根据《个人养老金实施办法》，个人养老金资金账户应支持参加人通过商业银行结算账户、非银行支付机构、现金等途径缴费。资金账户缴费上限按照国家有关规定执行，商业银行不得为参加人提供超过额度上限的缴费服务。参加人可根据自己的经济负担能力自主决定缴费频率、缴费金额。

（图片来源：中国政府网，图表：聚焦《个人养老金实施办法》，https://www.gov.cn/xinwen/2022-11/06/content_5724974.htm.）

问题 40 个人养老金误缴费，能否申请撤回？

根据人力资源社会保障部办公厅印发的《关于个人养老金参加人申请撤回缴费问题处理意见的函》，个人养老金参加人由于操作失误等原因缴费的，可以在该笔缴费计入个人养老金资金账户之日起（不含）5日内，通过开户银行线下网点提出撤回申请。参加人一个自然年度内可以申请撤回一次个人养老金单笔缴费。

开户银行应当按要求及时完善信息系统，经个人养老金信息管理服务平台核验后，为参加人办理撤回缴费业务。撤回单笔缴费不属于领取个人养老金，不按照领取个人养老金代扣代缴个人所得税。

问题41　个人养老金如何开展投资？

根据《个人养老金实施办法》，参加人自主决定个人养老金资金账户的投资计划，包括个人养老金产品的投资品种、投资金额等。

根据《〈关于推动个人养老金发展的意见〉宣传提纲》，个人养老金资金账户内资金可用于购买符合规定的银行理财、储蓄存款、商业养老保险、公募基金等金融产品，由参加人自主选择。从国际经验和国内探索看，多种金融产品参与个人养老金，既有利于满足不同群体的需求，也有利于市场充分竞争，促使金融机构开发更好的金融产品参与个人养老金。个人养老金产品由金融监管部门确定，并在人社信息平台和金融行业平台公布。个人养老金资金账户内资金应购买人社信息平台和金融行业平台共同公布的产品。

参加人可以根据自身需求调整个人购买的养老金产品，但要符合产品的运作模式，比如购买三年持有期FOF，就要遵守三年持有期的约定。

具体产品信息，投资者可通过国家社会保险公共服务平台进行查询。

问题42 个人养老金未投资于养老金产品的资金如何处置？

根据《个人养老金实施办法》，个人养老金资金账户内未进行投资的资金按照商业银行与个人约定的存款利率及计息方式计算利息。

问题43 个人养老金如何领取？

根据《〈关于推动个人养老金发展的意见〉宣传提纲》，参加人领取个人养老金需满足政策规定的条件。满足条件后可以按月、分次或者一次性领取个人养老金，并归集至本人社会保障卡。

（一）领取条件

（1）达到领取基本养老金年龄。

（2）完全丧失劳动能力。

（3）出国（境）定居。

（4）国家规定的其他情形。

根据《商业银行和理财公司个人养老金业务管理暂行办法》，资金领取时，不受Ⅱ类户转出金额限制。

（二）领取方式

根据《个人养老金实施办法》，参加人可通过以下方式领取个人养老金。

情形一：参加人已领取基本养老金的，可以向商业银行提出领取个人养老金。商业银行受理后，应通过人社信息平台核验参加人的领取资格，获取参加人本人社会保障卡银行账户，按照参加人选定的领取方式，完成个人所得税代扣后，将资金划转至参加人本人社会保障卡银行账户。

情形二：参加人符合完全丧失劳动能力、出国（境）定居或者国家规定的其他情形等领取个人养老金条件的，可以凭劳动能力鉴定结论书、出国（境）定居证明等向商业银行提出。商业银行审核并报送人社信息平台核验备案后，为参加人办理领取手续。

参加人出国（境）定居、身故等原因社会保障卡被注销的，商业银行将参加人个人养老金资金账户内的资金转至其本人或者继承人指定的资金账户。

（三）领取额度

根据《关于推动个人养老金发展的意见》和《个人养老金实施办法》，参加人能够领取多少个人养老金，取决于其领取时本人个人养老金资金账户的资金额。

《个人养老金实施办法》鼓励参加人长期领取个人养老金。参加人按月领取时，可以按照基本养老保险确定的计发月数逐月领取，也可以按照自己选定的领取月数逐月领取，领完为止；或者按照自己确定的固定额度逐月领取，领完为止。参加人选取分次领取的，应选定领取期限，明确领取次数或方式，领完为止。

问题44 个人养老金基金投资者如何查询相关信息？

根据《个人养老金投资公开募集证券投资基金业务管理暂行规定》，基金销售机构应当为投资人提供便捷的信息查询服务，查询信息包括但不限于个人基本信息、基金产品基本信息、持有份额信息等。根据投资人授权，基金销售机构可以依法协助投资人查询个人养老金缴费等相关信息。

目前个人养老金的基础信息查询具体途径如下。

信息管理服务平台。参加人可以通过个人养老金信息管理服务平台查询个人养老金的相关信息，该平台由人力资源社会保障部组织建设。

电子社保卡微信小程序。通过该小程序，可以查询个人养老金账户及其自动绑定的银行资金账户，查询并下载“个人养老金缴费凭证”。

掌上12333 App。使用掌上12333 App，可以进入“服务”—“个人养老金缴费凭证查询打印”界面，选择缴存年月，下载“凭证信息”，生成的缴费凭证上有编码及二维码，用于申报个人所得税扣除。

商业银行。在开立个人养老金账户的商业银行也可以开具缴费凭证，参加人可以通过银行查询个人养老金账户的相关信息。

问题45 个人养老金参加者如何查询账户明细及投资收益？

根据《商业银行和理财公司个人养老金业务管理暂行办法》，个人养老金资金账户具有收益归集、信息查询的功能。

参加个人养老金的金融产品由相关金融监管部门确定，并通过人社信息平台和金融行业平台向社会发布。个人养老金参加人可通过信息管理服务平台查询产品收益情况。

除此之外，参加人还可以通过金融产品的销售机构查询产品的投资收益。具体方式如下。

（一）个人养老金储蓄存款

参加人可通过发行个人养老金储蓄存款的商业银行查询存款利率。

（二）个人养老金理财产品

参加人可通过购买个人养老金理财产品的商业银行或理财公司查询具体产品的收益情况。

（三）个人养老金保险产品

参加人可通过发行该产品的保险公司、销售该产品的商业银行查询该产品的收益情况。

（四）个人养老金基金产品

参加人可通过基金公司的官方网站、基金销售机构（商业银行、证券公司）或第三方金融服务平台查询该基金产品的收益情况。

问题 46　参加个人养老金投资有哪些费用豁免？

（一）资金账户相关费用

根据《商业银行和理财公司个人养老金业务管理暂行办法》，商业银行对资金账户免收年费、账户管理费、短信费、转账手续费。

（二）产品管理费用

根据《商业银行和理财公司个人养老金业务管理暂行办法》，个人养老金理财产品发行机构、销售机构和托管机构在商业可持续基础上，可以对个人养老金理财产品的销售费、管理费和托管费实施一定的费率优惠。

根据《个人养老金投资公开募集证券投资基金业务管理暂行规定》，个人养老金基金的单设份额类别不得收取销售服务费，可以豁免申购限制和申购费等销售费用（法定应当收取并计入基金资产的费用除外），可以对管理费和托管费实施一定的费率优惠。

问题47 个人养老金有哪些税收优惠?

根据《关于个人养老金有关个人所得税政策的公告》，自2022年1月1日起，对个人养老金实施递延纳税优惠政策。在缴费环节，个人向个人养老金资金账户的缴费，按照12 000元/年的限额标准，在综合所得或经营所得中据实扣除；在投资环节，计入个人养老金资金账户的投资收益暂不征收个人所得税；在领取环节，个人领取的个人养老金，不并入综合所得，单独按照3%的税率计算缴纳个人所得税，其缴纳的税款计入“工资、薪金所得”项目。

个人养老金税收优惠税率表

全年应纳税所得额/元	对应税率/%	最高省税金额/元
小于等于3.6万	3	360
3.6万（不含）~14.4万	10	1 200
14.4万（不含）~30万	20	2 400
30万（不含）~42万	25	3 000
42万（不含）~66万	30	3 600

续表

全年应纳税所得额 / 元	对应税率 / %	最高省税金额 / 元
66 万（不含）～ 96 万	35	4 200
大于 96 万	45	5 400

问题 48 个人养老金的税收优惠如何扣除？

根据《关于个人养老金有关个人所得税政策的公告》，个人缴费享受税前扣除优惠时，以个人养老金信息管理服务平台出具的扣除凭证为扣税凭据。取得工资薪金所得、按累计预扣法预扣预缴个人所得税劳务报酬所得的，其缴费可以选择在当年预扣预缴或次年汇算清缴时在限额标准内据实扣除。选择在当年预扣预缴的，应及时将相关凭证提供给扣缴单位。扣缴单位应按照本公告有关要求，为纳税人办理税前扣除有关事项。取得其他劳务报酬、稿酬、特许权使用费等所得或经营所得的，其缴费在次年汇算清缴时在限额标准内据实扣除。个人按规定领取个人养老金时，由开立个人养老金资金账户所在市的商业银行机构代扣代缴其应缴的个人所得税。

问题 49 如何申报个人养老金税收优惠？需要准备哪些材料？

根据国家税务总局发布的《享受个人养老金税收优惠政策“三步走”》，个人养老金参加人可通过以下步骤申报税收优惠。

第一步：获取缴费凭证

登录国家社会保险公共服务平台，进入“首页—个人养老金—缴费凭证查询打印”界面，下载纳税人的个人养老金月度缴费凭证。

一般情况下，每月8日起纳税人可以通过国家社会保险公共服务平台查询下载上月的个人养老金缴费凭证。

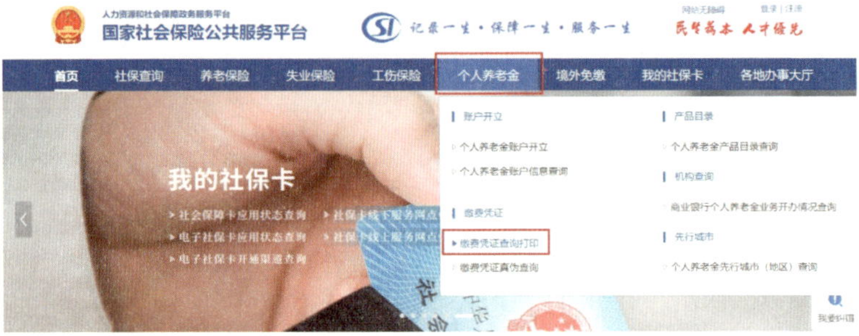

个人养老金缴费凭证
（月度）

人力资源和社会保障部 个人养老金业务专用章

凭证编码：

姓　　名：　　　　个人养老金账户：

证件类型：居民身份证（户口簿）　　证件号码：

开户机构：　　　　个人养老金资金账户：

个人养老金缴费记录			
缴费月度	缴费金额	缴费机构	剩余缴费金额
202211			
缴费金额合计			
缴费金额大写			

注：
1. 本凭证仅用于个人养老金税延抵扣。
2. 参加人可登录国家社会保险公共服务平台（http://si.12333.gov.cn）等全国统一线上服务入口查询凭证信息，及其他个人养老金权益信息。

第二步：扫码录入扣除信息

使用个税App右上角“扫一扫”功能，或者进入“办&查—个人养老金扣除管理—录入凭证申报”功能，扫描个人养老金缴费凭证右上角的二维码。如果纳税人的缴费凭证是以电子方式存储在手机中不方便扫码，可以使用“扫一扫”界面右下角的“相册”功能打开缴费凭证照片。

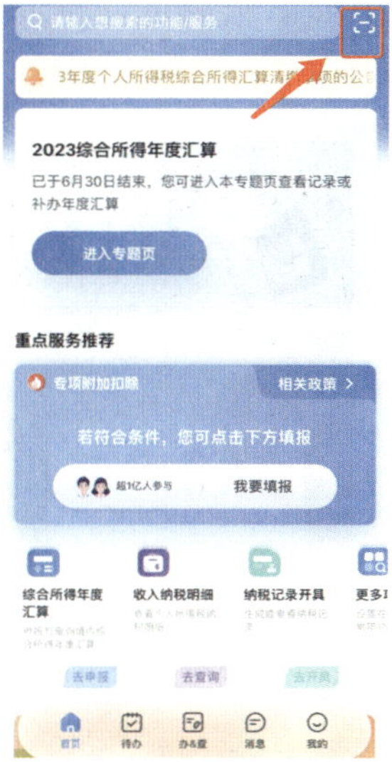

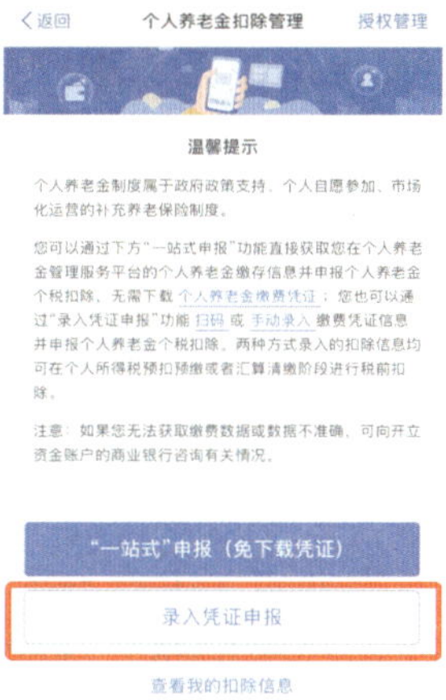

纳税人授权个税 App 获取其个人养老金缴费数据后，个税 App 即可根据扫码结果生成当月个人养老金扣除信息。纳税人核对无误后，点击“下一步”即可。

需要说明的是，如纳税人扫描的缴费凭证二维码不是本人的，将无法进行填报，系统会予以提示。

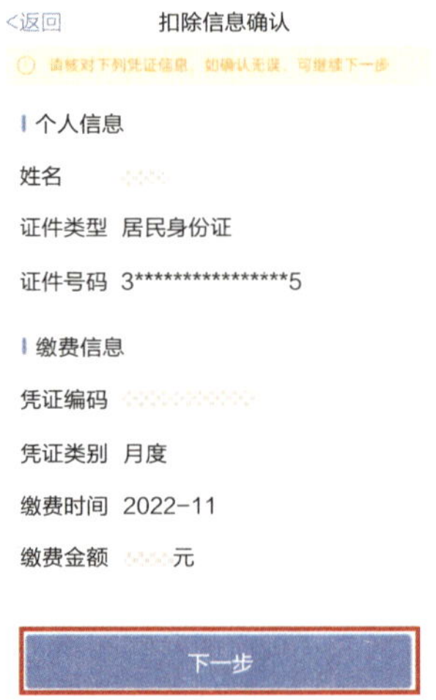

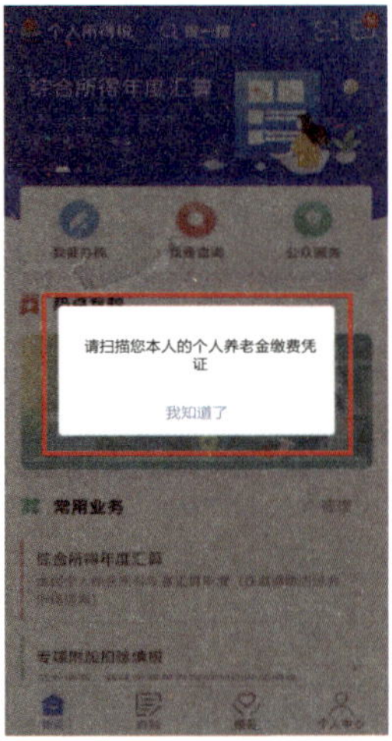

第三步：将扣除信息推送给单位

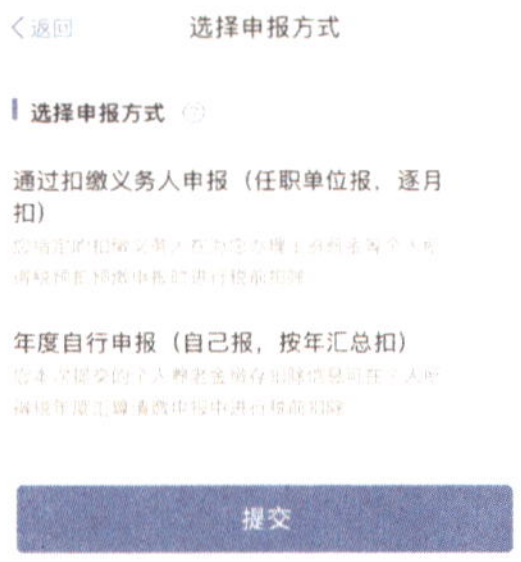

在“选择申报方式”界面，勾选“通过扣缴义务人申报”，并选择相应的扣缴义务人，点击提交即完成申报流程，扣缴义务人收到纳税人申报信息后将为纳税人办理税前扣除。

纳税人可通过“个人养老金扣除管理—查看我的扣除信息”界面，查询自己申报的个人养老金扣除信息。

当然，如果纳税人不选择“通过扣

缴义务人申报”，也可以选择“年度自行申报”，则纳税人提交的个人养老金扣除信息可以在个人所得税年度汇算清缴申报中进行税前扣除。

商业银行及理财公司

问题50　商业银行可以开展哪些个人养老金业务？

根据《商业银行和理财公司个人养老金业务管理暂行办法》《个人养老金实施办法》，商业银行个人养老金业务包括以下内容。

（一）资金账户业务

（1）提供资金账户开立或指定、注销、变更服务，资金账户不受参加人持有的Ⅱ类户数量限制。

（2）提供个人养老金缴费和领取服务。

（3）可以为参加人通过其他银行账户、非银行支付机构、现金等途径缴费提供划转服务（不受Ⅱ类户非绑定账户资金转入限制），为参加人、个人养老金产品销售机构等提供与个人养老金产品交易相关的资金划转服务（不受Ⅱ类户划转金额限制）。

（4）提供资金账户信息管理服务，完整记录资金账户基础信息、缴费信息、资金结算信息、扣缴税款信息等。

（5）提供资金账户信息查询服务。

（6）银保监会规定的其他事项。

（二）个人养老储蓄业务。

（三）个人养老金产品代销业务，包括代销个人养老金理财产品、个人养老金保险产品、个人养老金公募基金产品等，国务院金融监管机构另有规定的除外；商业银行应根据相关个人养老金产品交易结果，记录参加人交易产品信息。

（四）个人养老金咨询业务。

（五）银保监会规定的其他个人养老金业务。

问题 51 商业银行如何开展个人养老金业务？

根据《商业银行和理财公司个人养老金业务管理暂行办法》，商业银行应当区别处理转移资金，转移资金中的本年度缴费额度累计计算。

个人养老金资金账户当日发生缴存业务的，商业银行不应为其办理账户变更手续。办理资金账户变更业务期间，原个人养老金资金账户不允许办理缴存、投资以及支取等业务。

商业银行开展个人养老金资金账户业务，应当公平对待符合规定的个人养老金产品发行机构和销售机构。

商业银行应保存个人养老金资金账户全部信息自账户注销日起至少 15 年。

商业银行、个人养老金产品发行机构和销售机构应根据有关规定，建立健全业务管理制度，包括但不限于个人养老金资金账户服务、产品管理、销售管理、合作机构管理、信息披露等。商业银行发现个人养老金实施中存在违规行为、相关风险或者其他问题的，应及时向监管部门报告并依规采取措施。

根据《关于个人养老金有关个人所得税政策的公告》，商业银行有关分支机构应及时对在该行开立个人养老金资金账户纳税人的纳税情况进行全员全额明细申报，保证信息真实准确。

根据《商业银行和理财公司个人养老金业务管理暂行办法》，商业银行、理财公司应当在正式开办个人养老金业务后 10 日内向其直接监管责任单位报告制度建设、人员配备、系统对接、产品管理等情况。

问题52 商业银行如何妥善保管个人养老金相关信息？

根据《商业银行和理财公司个人养老金业务管理暂行办法》，商业银行应当建立个人养老金业务档案管理制度，按照规定保存业务相关的个人信息、缴费和养老金领取等账务交易信息，以及在个人养老金产品销售环节涉及的文件、记录等资料。

商业银行开立资金账户，应当登记开户人的基本信息、辅助身份证明文件信息、核验记录等，以电子或纸质方式留存开户人身份信息。

商业银行开立资金账户，应当严格落实个人账户实名制要求，做好客户身份信息收集与核查、反洗钱和反恐怖融资筛查、涉赌涉诈筛查等，并完成手机短信验证等必要身份核验工作。商业银行为参加人办理在线开户服务时，应当将相关有效的生物特征识别技术或其他安全有效的技术作为身份核验的辅助手段，核实身份信息。

商业银行应当在网络查控平台、电子化专线信息传输系统等相关平台和系统对资金账户进行特殊标识，并作出在符合国家规定的领取条件前，限制冻结、扣划的设置。

问题53 理财公司如何进行投资者风险承受能力评估？

根据《理财公司理财产品销售管理暂行办法》，理财产品销售机构应当对非机构投资者的风险承受能力进行评估，制定投资者风险承受能力评估书，确定投资者风险承受能力等级，建立将投资者和理财产品进行匹配的方法。风险承受能力评估依据至少应当包括投资者年龄、财务状况、投资经验、投资目的、收益期望、风险偏好、流动性要求、风险认识及风险损失承受程度等。

理财产品销售机构应当定期或不定期地在本机构营业场所（含电子渠道）对非机构投资者进行风险承受能力持续评估，确保投资者风险承受能力评估的客观性、及时性和有效性。

超过一年未进行风险承受能力评估或发生可能影响自身风险承受能力情况的非机构投资者，再次购买理财产品时，应当在理财产品销售机构营业场所（含电子渠道）完成风险承受能力评估，评估结果应当由投资者签字确认。

理财公司委托代理销售机构销售理财产品的，代理销售机构应当将投资者风险承受能力评估结果以及投资者与理财产品进行匹配的方法，及时、准确提供给理财公司。

问题54 商业银行应如何保障个人投资者的权益？

根据《商业银行和理财公司个人养老金业务管理暂行办法》，商业银行应当建立健全消费者权益保护机制，完善消费者权益保护内部考核体系，构建便捷高效的投诉处理渠道，将消费者权益保护要求嵌入个人养老金业务全流程管理体系。

个人养老金缴费归集、交易资金划转等，以资金账户为唯一载体。个人养老金产品相关交易行为涉及的资金往来，除另有规定外，应当从资金账户发起，并返回资金账户。

商业银行应当按照产品交易规则，为参加人提供个人养老金产品的各类交易、查询等服务。商业银行向参加人提供的个人养老金产品信息，包括但不限于管理人或保险人情况、投资策略、投资范围、历史投资业绩、保险责任、除外责任等。

问题55 理财公司应如何保障个人投资者的权益？

根据《商业银行和理财公司个人养老金业务管理暂行办法》，理财公司应当建立健全消费者权益保护机制，完善消费者权益保护内部考核体系，构建便捷高效的投诉处理渠道，将消费者权益保护要求嵌入个人养老金业务全流程管理体系。

个人养老金理财产品发行机构和销售机构应当按照法律法规及相关监管规定，通过公开渠道，真实准确、合理客观、简明扼要地披露个人养老金理财产品相关信息，不得宣传策略保本，不得承诺或宣传保本保收益。

个人养老金理财产品发行机构和销售机构为投资者提供产品份额转换、默认投资选择等服务的，应当符合个人养老金相关制度和监管规定，并向投资者充分披露信息和揭示风险。

问题56 商业银行应披露哪些信息？

根据《商业银行和理财公司个人养老金业务管理暂行办法》，商业银行应当通过公开渠道，公布个人养老金业务基本情况、办理要求、业务流程、服务内容、咨询和投诉方式、客户服务联系方式等信息，并提供个人养老金信息查询、交易办理等服务。

在资金账户开立方面，商业银行为参加人开立资金账户后，应当及时将以下信息报送至银保行业平台：

（1）个人基本信息，包括个人身份信息、资金账户信息等；

（2）产品投资信息，包括产品交易信息、资产信息等；

（3）资金信息，包括缴费信息、资金划转信息、相关资产转移信息、领取信息、资金余额信息、缴纳个人所得税信息等。

在理财产品销售方面，开办个人养老金业务的商业银行应当建设与个人养老金理财产品相适应的信息系统，与理财行业平台对接，根据人社信息平台和理财行业平台发布的信息，通过适当方式向参加人完整披露个人养老金理财产品名单，保障参加人的合法权益。涉及个人养老金理财产品的，商业银行应当及时将以下信息报送至理财行业平台：

（1）由商业银行报送个人基本信息；

（2）由商业银行报送资金信息，包括缴费信息、资金划转信息、相关资产转移信息、领取信息、资金余额信息、缴纳个人所得税信息等；

（3）由提供托管服务的商业银行报送产品托管信息。

涉及个人养老金理财产品交易的，商业银行应当将资金账户变更、注销等账户信息以及个人养老金理财产品相关交易信息实时报送理财行业平台，将资金账户缴费、领取等资金信息定期批量报送理财行业平台。

问题57 理财公司应披露哪些信息?

根据《商业银行和理财公司个人养老金业务管理暂行办法》，个人养老金理财产品发行机构和销售机构应当按照法律法规及相关监管规定，通过公开渠道，真实准确、合理客观、简明扼要地披露个人养老金理财产品相关信息，不得宣传策略保本，不得承诺或宣传保本保收益。

个人养老金理财产品发行机构和销售机构为投资者提供产品份额转换、默认投资选择等服务的，应当符合个人养老金相关制度和监管规定，并向投资者充分披露信息和揭示风险。

涉及个人养老金理财产品的，理财公司应当及时将以下信息报送至理财行业平台：

（1）由直接销售个人养老金理财产品的理财公司报送个人基本信息；

（2）由理财公司报送产品投资信息，包括产品交易信息、资产信息、投资者交易明细和持仓情况等。

涉及个人养老金理财产品交易的，理财公司应当将发行的个人养老金理财产品及销售机构、托管机构、投资者信息定期批量报送理财行业平台。

问题58　商业银行、理财公司及行业平台应依法向监管机构报送哪些信息？

根据《商业银行和理财公司个人养老金业务管理暂行办法》，特殊事件方面，发生可能对资金账户和个人养老金产品运营产生重大影响的事件时，商业银行应当立即将事件起因、现状和可能产生的后果等，报告相关金融监管机构和人力资源社会保障部门，并积极采取应对措施。商业银行开展个人养老金业务，发现参加人有涉嫌洗钱、逃避税收管理等违法违规行为的，应当按照国家有关规定及时向相关部门报告。

商业银行、银保行业平台应当于每年 1 月 31 日前，向银保监会或其派出机构报送上一年度个人养老金业务情况报告。

理财公司、理财行业平台应当于每年 1 月 31 日前，向银保监会或其派出机构报送上一年度个人养老金业务情况报告。

问题59　商业银行应向人社信息平台报送哪些信息？

根据《个人养老金实施办法》，商业银行应完成与人社信息平台、金融行业平台的系统对接，经验收合格后办理个人养老金业务。

商业银行应及时将个人养老金资金账户相关信息报送至人社信息平台。具体包括：

（1）个人基本信息，包括个人身份信息、个人养老金资金账户信息等；

（2）相关产品投资信息，包括产品交易信息、资产信息；

（3）资金信息，包括缴费信息、资金划转信息、相关资产转移信息、领取信息、缴纳个人所得税信息、资金余额信息等。

商业银行根据业务流程和信息的时效性需要，按照实时核验、定时批量两类时效与人社信息平台进行交互，其中：

（1）商业银行在办理个人养老金资金账户开立、变更、注销和资金领取等业务时，实时核验参加人基本养老保险参保状态、个人养老金账户和资金账户唯一性，并报送有关信息；

（2）商业银行在办理完个人养老金资金账户开立、缴费、资金领取，以及提供与个人养老金产品交易相关的资金划转等服务后，定时批量报送相关信息。

问题60 商业银行应向金融行业平台报送哪些信息？

根据《商业银行和理财公司个人养老金业务管理暂行办法》，商业银行为参加人开立资金账户后，应当及时将以下信息报送至银保行业平台：

（1）个人基本信息，包括个人身份信息、资金账户信息等；

（2）产品投资信息，包括产品交易信息、资产信息等；

（3）资金信息，包括缴费信息、资金划转信息、相关资产转移信息、领取信息、资金余额信息、缴纳个人所得税信息等。

涉及个人养老金理财产品的，商业银行应当及时将以下信息报送至理财行业平台：

（1）由商业银行和直接销售个人养老金理财产品的理财公司报送个人基本信息；

（2）由商业银行报送资金信息，包括缴费信息、资金划转信息、相关资产转移信息、领取信息、资金余额信息、缴纳个人所得税信息等；

（3）由提供托管服务的商业银行报送产品托管信息。

涉及个人养老金理财产品交易的，商业银行应当将资金账户变更、注销等账户信息以及个人养老金理财产品相关交易信息实时报送理财行业平台，将资金账户缴费、领取等资金信息定期批量报送理财行业平台。

根据业务流程和信息时效性需要，商业银行按照实时、定期批量两类时效，向银保行业平台报送信息，其中：

（1）商业银行办理资金账户开立、变更、注销等服务时，应当实时报送信息；

（2）商业银行办理完资金账户缴费、资金领取，以及个人养老金产品相关交易服务后，应当定期批量报送信息；

（3）商业银行发行个人养老储蓄和代销个人养老金保险产品的，应当定期批量报送信息。

问题61 理财公司应向金融行业平台报送哪些信息？

根据《商业银行和理财公司个人养老金业务管理暂行办法》，涉及个人养老金理财产品的，理财公司应当及时将以下信息报送至理财行业平台：

（1）由直接销售个人养老金理财产品的理财公司报送个人基本信息；

（2）由理财公司报送产品投资信息，包括产品交易信息、资产信息、投资者交易明细和持仓情况等。

涉及个人养老金理财产品交易的，理财公司应当将发行的个人养老金理财产品及销售机构、托管机构、投资者信息定期批量报送理财行业平台。

问题62 商业银行应通过哪些方式建立健全个人养老金业务内部体系？

根据《商业银行和理财公司个人养老金业务管理暂行办法》，开办个人养老金业务的商业银行应当建立个人养老金业务管理系统，与人社信息平台、银保行业平台、理财行业平台对接，取得验收合格意见或符合相关要求。商业银行应当定期对个人养老金业务管理系统开展技术评估，确保基础设施水平、网络承载能力、技术人员保障能力、运营服务能力与业务规模相匹配。

商业银行应当建立健全个人养老金业务管理制度和操作规程，将个人养老金业务风险管理纳入商业银行全面风险管理体系，确保业务经营符合法律法规及相关监管规定。

商业银行负责个人养老金业务的部门以及内部审计、内控管理等职能部门应当根据职责分工，建立并有效实施个人养老金业务内部监督检查和跟踪整改制度。

保险公司

问题63 保险公司如何申请个人养老金保险产品？

保险公司申请个人养老金保险产品保险条款和费率审批或备案的，除规定材料外还应当提交以下材料：

（1）对上年度末所有者权益、偿付能力充足率、责任准备金覆盖率，以及最近4个季度风险综合评级情况的说明；

（2）最近3年受到金融监管机构行政处罚情况的说明；

（3）与银保行业平台对接情况的说明；

（4）对本公司个人养老金保险产品的保险条款和费率使用情况的说明。

问题64　保险公司可以将已有保险产品变更为个人养老金保险产品吗？

根据《商业银行和理财公司个人养老金业务管理暂行办法》，保险公司可以通过申请变更保险条款和费率审批或备案的方式，将现有保险产品纳入个人养老金保险产品。对于已经审批的专属商业养老保险产品，保险公司应当向银保监会报送上述说明材料，无须另行申请变更保险条款和费率审批。

问题65　保险公司与个人养老金参加者签订保险合同时应注意哪些事项？

根据《商业银行和理财公司个人养老金业务管理暂行办法》，保险公司与参加人签订保险合同前，应当就以下事项专门作出说明：

（1）个人养老金制度及其税收政策；

（2）个人养老金资金账户管理要求；

（3）银保行业平台信息管理要求。

保险公司应当与参加人单独签订保险合同，并在公司相关信息系统中对该合同作出明确标识，不得接受其使用个人养老金资金账户内资金为他人投保。

问题66 保险公司可以为个人养老金参加者提供哪些服务？

根据《商业银行和理财公司个人养老金业务管理暂行办法》，经参加人授权，保险公司可以依法合规提供以下服务：

（1）协助参加人在人力资源社会保障部个人养老金信息管理服务平台开立个人养老金账户；

（2）协助参加人办理个人养老金资金账户指定或者变更；

（3）将参加人相关信息在银保行业平台登记。

保险公司应当在自营网络平台、移动客户端等为个人养老金相关业务建立专区，提供业务咨询、权益查询、信息披露、消费投诉、教育宣传等服务。其中，保险公司提供的个人权益信息包括但不限于交费情况、现金价值，以及相关保险责任等。

问题67 保险公司应如何保障个人养老金参加者的权益？

根据《关于保险公司开展个人养老金业务有关事项的通知》，保险公司应当切实履行销售管理主体责任，健全管理制度体系，加强机构管理、人员管理和销售行为全流程管控。保险公司负责制作销售宣传材料并督促使用，不得授权分支机构、中介机构或个人自行制作或修改。

问题68 保险公司应依法向监管机构报送哪些信息？

根据《关于保险公司开展个人养老金业务有关事项的通知》，开展个人养老金业务的保险司应当于每年1月31日前，向银保监会及其相关派出机构报送上一年度个人养老金业务经营报告，包括经营情况、保险条款和费率审批或备案情况、资金运用情况等。

基金管理人及基金销售机构

问题69 对基金管理人、基金销售机构开展个人养老业务有何基本要求？

根据《个人养老金投资公开募集证券投资基金业务管理暂行规定》，对基金管理人、基金销售机构开展个人养老业务有以下基本要求。

（1）基金管理人、基金销售机构应当针对个人养老金投资基金业务，建立健全并有效执行专门的管理制度和流程，完善组织架构和系统建设，配备足够的专业人员，强化投资、研究、销售、风险管理、投资者教育、客户服务等能力建设，确保业务运作符合个人养老金相关制度及中国证监会的规定，切实维护投资人合法权益。

（2）基金管理人、基金销售机构应当建立长周期考核机制，对个人养老金投资基金业务、产品业绩、人员绩效的考核周期不得短于5年。基金评价机构应当坚持长期评价原则，业绩评价期限不得短于5年，不得使用单一指标进行排名或者评价，不得进行短期收益和规模排名。

（3）基金管理人、基金托管人、基金销售机构等机构应当在各自职责范围内，按照个人养老金相关制度规定，保障投资人参与个人养老金投资基金业务相关资金及资产的安全封闭运行。除另有规定外，基金管理人、基金销售机构应当确保基金份额购买等款项来自个人养老金资金账户，基金份额赎回等款项转入个人养老金资金账户。基金管理人、基金销售机构办理继承等事项的，应当通过份额赎回方式办理，个人养老金相关制度另有规定的除外。

（4）个人养老金资金和资产独立于基金管理人、基金销售机构、基金托管人等机构的自有资产。非因投资人本身的债务或者法律法规规定的其他情形，不得查封、冻结、扣划或者强制执行个人养老金投资基金业务的基金销售结算资金、基金份额。

问题70 基金管理人如何设计个人养老金基金产品？

根据《个人养老金投资公开募集证券投资基金业务管理暂行规定》，基金管理人可以根据投资人不同生命周期阶段的养老投资需求和资金使用需求，在做好充分信息披露的前提下，对个人养老金基金产品设计作出以下安排：

（1）为鼓励投资人在个人养老金积累期长期投资，将分红方式设置为红利再投资；

（2）为鼓励投资人在个人养老金领取期长期领取，设置定期分红、定期支付、定额赎回等机制；

（3）在运作方式、持有期限、投资策略、估值方法、申赎转换等方面的其他安排。

问题71 养老目标基金应采取什么资产配置策略？

根据《养老目标证券投资基金指引（试行）》，养老目标基金应当采用成熟稳健的资产配置策略，控制基金下行风险，追求基金长期稳健增值。投资策略包括目标日期策略、目标风险策略以及中国证监会认可的其他策略。

采用目标日期策略的基金，应当随着所设定目标日期的临近，逐步降低权益类资产的配置比例，增加非权益类资产的配置比例。权益类资产包括股票、股票型基金和混合型基金。

采用目标风险策略的基金，应当根据特定的风险偏好设定权益类资产、非权益类资产的基准配置比例，或使用广泛认可的方法界定组合风险（如波动率等），并采取有效措施控制基金组合风险。采用目标风险策略的基金，应当明确风险等级及其含义，并在招募说明书中注明。

问题 72 养老目标基金遵循哪些投资范围限制？

根据《养老目标证券投资基金指引（试行）》，养老目标基金定期开放的封闭运作期或投资人最短持有期限不短于 1 年、3 年或 5 年的，基金投资于股票、股票型基金、混合型基金和商品基金（含商品期货基金和黄金 ETF[①]）等品种的比例合计原则上不超过 30%、60%、80%。

针对子基金，养老目标基金的基金管理人应当制定子基金（含香港互认基金）选择标准和制度，重点考察风格特征稳定性、风险控制和合规运作情况，并对照业绩比较基准评价中长期收益、业绩波动和回撤情况，且被投资子基金应当满足以下条件：

（1）子基金运作期限应当不少于 2 年，最近 2 年平均季末基金净资产应当不低于 2 亿元；子基金为指数基金、ETF 和商品基金等品种的，运作期限应当不少于 1 年，最近定期报告披露的季末基金净资产应当不低于 1 亿元；

（2）子基金运作合规，风格清晰，中长期收益良好，业绩波动性较低；

① ETF，exchange traded fund，交易型开放式指数基金。

（3）子基金基金管理人及子基金基金经理最近2年没有重大违法违规行为；

（4）中国证监会规定的其他条件。

问题73 养老目标基金投资经理的任职条件有哪些？

根据《养老目标证券投资基金指引（试行）》，基金管理人应当优先选择具备以下条件的投研人员担任养老目标基金的基金经理：

（1）具备5年以上金融行业从事证券投资、证券研究分析、证券投资基金研究评价或分析经验，其中至少2年为证券投资经验；或者具备5年以上养老金或保险资金资产配置经验；

（2）历史投资业绩稳定、良好，无重大管理失当行为；

（3）最近3年没有违法违规记录；

（4）中国证监会规定的其他条件。

问题74 基金销售机构应该提供哪些个人养老金基金的账户服务？

根据《个人养老金投资公开募集证券投资基金业务管理暂行规定》，基金销售机构应当根据投资人申请提供相关账户服务，并符合法律法规和个人养老金相关制度要求。账户服务包括：

（1）为投资人开立个人养老金基金专用交易账户，并绑定个人养老金资金账户作为结算账户；

（2）可以协助投资人通过商业银行等渠道在人社信息平台开立个人养老金账户；

（3）可以协助投资人在商业银行在线开立或者指定本人唯一的个人养老金资金账户；

（4）个人养老金资金账户变更后，为投资人办理新增或者变更结算账户、转托管转出等业务；

（5）个人养老金相关制度规定的其他职责。

问题75 基金销售机构应如何开展个人养老金基金的宣传推介活动？

根据《个人养老金投资公开募集证券投资基金业务管理暂行规定》，基金销售机构应当依照法律法规和中国证监会的规定开展个人养老金基金的宣传推介活动，强化投资者适当性管理，并履行下列职责：

（1）全面介绍产品不保证本金、不保证收益、追求长期收益等风险收益特征；

（2）向投资人展示产品资料概要，清晰揭示产品的封闭期或者持有期、权益资产等高风险资产的投资比例、费用项目和费率水平等信息；

（3）强化投资者适当性管理，个人养老金基金按照风险收益特征进行风险等级划分，根据投资人年龄、退休日期、收入水平和风险偏好等情况向投资人推介基金，不得向投资人主动推介超出其风险承受能力的基金，不得承诺或者宣传产品保本保收益，不得宣传产品预期收益率。

基金销售机构应当在其互联网网站、移动客户端等渠道的醒目位置设立个人养老金投资基金业务专区，提供业务咨询、产品申赎、信息查询等相关服务。

基金销售机构应当积极开展养老金融教育，普及养老投资理念，加强投资人对养老金政策的理解。基金销售机构为投资人办理个人养老金基金专用交易账户开立后，投资人长期未购买个人养老金基金的，基金销售机构应当予以适当提示。

问题76 基金管理人、基金销售机构应如何推介养老目标基金？

根据《养老目标证券投资基金指引（试行）》，基金管理人、基金销售机构向投资人推介养老目标基金，应当遵循以下原则：

（1）根据投资人年龄、退休日期和收入水平，向投资人推介适合的养老目标基金，引导投资人开展长期养老投资；

（2）向投资人推介的目标日期基金应与其预计的投资期限相匹配；

（3）中国证监会规定的其他要求。

养老目标基金应当在基金名称中包含“养老目标”字样且反映基金的投资策略。采用目标风险策略的基金还应当在基金名称中明确产品风险等级。其他公募基金，不得使用“养老”字样。

养老目标基金的宣传推介材料应当明确“养老”的名称不代表收益保障或其他任何形式的收益承诺，并在显著位置使用醒目方式注明产品不保本，可能发生亏损。基金管理人应当对养老目标基金编写专门风险揭示书，并要求投资人以书面或电子形式确认其了解产品特征。养老目标基金风险揭示书中应当包括但不限于基金投资策略、权益类资产配置比例、基金风险特征以及基金管理费、托管费、销售费用等情况。

问题77 基金管理人、基金销售机构应如何保障个人养老金参加者的权益？

根据《个人养老金投资公开募集证券投资基金业务管理暂行规定》，基金管理人、基金销售机构应在以下方面采取措施保障个人养老金参加者的权益。

（一）产品管理

基金管理人在个人养老金基金的投资管理过程中，应当恪尽职守、专业审慎，结合个人养老金投资基金业务特点，坚持长期投资、价值投资，加强对个人养老金基金资产配置、投资标的、估值方法、风险状况、产品业绩等方面的研究分析，确保投资管理的科学性、稳健性和长期性。基金管理人应当建立有效机制，严格遵守基金合同约定的投资目标、投资策略和投资限制，保持清晰、稳定的投资风格，合理控制投资组合与业绩比较基准的偏离。基金管理人应当根据个人养老金投资基金业务特征，建立健全风险管理机制和应急预案，有效防范和控制各类风险对产品运作的影响，确保投资人的合法权益不受损害并得到公平对待。

基金管理人在个人养老金基金的投资管理过程中，应当恪尽职守、专业审慎，结合个人养老金投资基金业务特点，坚持长期投资、价值投资，加强对个人养老金基金资产配置、投资标的、估值方法、风险状况、产品业绩等方面的研究分析，确保投资管理的科学性、稳健性和长期性。

（二）内部制度建设

基金管理人、基金销售机构应当针对个人养老金投资基金业务，建立健全并有效执行专门的管理制度和流程，完善组织架构和系统建设，配备足够的专业人员，强化投资、研究、销售、风险管理、投资者教育、客户服务等能力建设，确保业务运作符合个人养老金相关制度及中国证监会的规定，切实维护投资人合法权益。

（三）资金保管

个人养老金资金和资产独立于基金管理人、基金销售机构、基金托管人等机构的自有资产。非因投资人本身的债务或者法律法规规定的其他情形，不得查封、冻结、扣划或者强制执行个人养老金投资基金业务的基金销售结算资金、基金份额。

（四）信息公开与销售事前提醒

基金销售机构应当向投资人充分解释说明个人养老金相关制度，在投资人首次投资个人养老金基金前，向投资人特别提示以下信息，并由投资人确认：

（1）基金份额赎回等款项将转入个人养老金资金账户，投资人未达到领取基本养老金年龄或者政策规定的其他领取条件时不可领取个人养老金；

（2）投资人应当如实提供个人身份信息、个人养老金资金账户信息；

（3）基金管理人、基金销售机构对个人信息的收集、保存、使用等情况；

（4）个人养老金投资基金业务具有自愿参加、自主选择、自担风险等业务属性；

（5）个人养老金每年缴费额度上限及相关税收政策；

（6）其他重要信息。

基金销售机构为投资人办理其他基金份额向个人养老金基金份额转换业务、提供默认投资选择等服务的，应当符合个人养老金相关制度和中国证监会的规定，并在销售协议中充分揭示服务内容和风险。基金销售机构在有效核实投资人身份及交易意愿、确保资金安全的前提下，可以将投资人赎回其他基金份额的销售结算资金转入投资人个人养老金资金账户，转入金额应当符合个人养老金制度关于缴费额度上限的规定。基金销售结算资金监督机构应当依法对相关销售结算资金划转流程进行监督。

基金销售机构应当在其互联网网站、移动客户端等渠道的醒目位置设立个人养老金投资基金业务专区，提供业务咨询、产品申赎、信息查询等相关服务。

基金销售机构应当为投资人提供便捷的信息查询服务，查询信息包括但不限于个人基本信息、基金产品基本信息、持有份额信息等。根据投资人授权，基金销售机构可以依法协助投资人查询个人养老金缴费等相关信息。

基金销售机构应当及时处理投资人提出的个人养老金投资基金业务相关投诉、咨询及意见建议。

问题78 基金管理人、基金销售机构应披露哪些信息?

根据《个人养老金投资公开募集证券投资基金业务管理暂行规定》，基金销售机构应当为投资人提供便捷的信息查询服务，查询信息包括但不限于个人基本信息、基金产品基本信息、持有份额信息等。根据投资人授权，基金销售机构可以依法协助投资人查询个人养老金缴费等相关信息。

个人养老金基金应当针对个人养老金投资基金业务设立单独的份额类别，在基金合同、招募说明书等文件中清晰约定，并依法进行注册或者备案。

问题79 基金管理人、基金销售机构、基金行业平台应报送哪些信息?

（一）基金行业平台

根据《个人养老金投资公开募集证券投资基金业务管理暂行规定》，基金行业平台应当建立健全数据统计分析制度，并定期向中国证监会、人力资源社会保障部等部门报送个人养老金投资基金业务运行情况。

根据《个人养老金基金行业平台运作管理暂行办法》，基金行业平台基于基金管理人、基金销售机构等平台参与机构向基金行业平台报送或者通过基金行业平台流转的数据，向人社信息平台报送平台参与机构信息、平台接入产品信息、投资人投资个人养老金基金相关信息等数据，向中国证监会、人力资源社会保障部等部门报送个人养老金投资基金业务运行情况。

（二）基金管理人

根据《个人养老金投资公开募集证券投资基金业务管理暂行规定》，个人养老金基金出现下列情形的，基金管理人应当在5个工作日内向中国证监会报告，中国证监会将不定期移出名录：

（1）依据法律法规规定及基金合同约定，不再符合产品存续条件的；

（2）产品发生重大变化导致不再适合个人养老金投资的；

（3）中国证监会规定的其他情形。

个人养老金基金被移出名录后，基金管理人、基金销售机构等机构应当做好信息披露和提示等工作，并暂停办理相关产品份额的申购等。

（三）基金销售机构

根据《个人养老金投资公开募集证券投资基金业务管理暂行规定》，基金销售机构出现下列情形的，应当在5个工作日内向中国证监会报告，中国证监会将不定期移出名录：

（1）连续2年不符合“经营状况良好，财务指标稳健，具备较强的公募基金销售能力；最近4个季度末股票基金和混合基金保有规模不低于200亿元，其中，个人投资者持有规模不低于50亿元”的条件；

（2）基金销售业务资格被依法撤销或者终止的；

（3）存在重大风险隐患；

（4）中国证监会规定的其他情形。

基金销售机构被移出名录后，基金销售机构不得新增个人养老金投资基金业务。

问题80　基金管理人、基金销售机构应向基金行业平台报送哪些信息？

根据《个人养老金基金行业平台运作管理暂行办法》，对被中国证监会确定为个人养老金基金的基金产品，其基金管理人在开展基金行业平台相关业务前，应当向中国证券登记结算有限责任公司申请为该基金办理基金行业平台产品接入手续。

已接入基金行业平台的基金管理人、基金销售机构应当按规定向基金行业平台报送其管理、销售的平台接入产品的产品信息及交易数据，并确保其报送内容的真实性、准确性、完整性、及时性、合法性。

基金发生被中国证监会移出名录等情形的基金管理人应当及时向中国证券登记结算有限责任公司申请为该基金办理关闭基金行业平台相关业务权限或者退出基金行业平台的手续。中国证券登记结算有限责任公司有权根据中国证监会相关要求关闭基金在基金行业平台的相关业务权限或者将基金移出基金行业平台。

第四部分

产品选择

大类产品选择

问题 81　个人养老金参加者的风险承受能力与产品选择有什么关系？

根据《个人养老金实施办法》，个人养老金产品销售机构要以“销售适当性”为原则，依法了解参加人的风险偏好、风险认知能力和风险承受能力，做好风险提示，不得主动向参加人推介超出其风险承受能力的个人养老金产品。针对个人养老金理财产品、个人养老金基金产品，《理财公司理财产品销售管理暂行办法》《个人养老金投资公开募集证券投资基金业务管理暂行规定》分别提出了适当性管理要求，要求产品销售机构应对个人养老金参加者进行风险等级评估。个人养老金参加者可根据个人风险等级评估结果，选择相匹配的产品投资。

问题 82　风险承受能力较低的个人养老金参加者建议选择哪些个人养老金金融产品？

极度风险厌恶的个人养老金参加者可选择个人养老金储蓄存款产品和个人养老金保险产品。

个人养老金储蓄存款产品具有保本的属性，产品低收益、无波动，对风险承受能力较低的个人养老金参加者而言，可获得本金安全的保障。但在较长的时间维度里，个人养老金储蓄存款产品的回报可能存在无法跑赢通胀的风险，从而无法为退休后的生活提供充足的养老保障，非常不适合较为年轻的个人养老金参加者。

部分个人养老金保险产品，如专属商业养老保险以及万能险有最低保证利率，通常不超过3%。目前部分运行时间已超1年的个人养老金保险产品在2021年和2022年的实际结算利率在4%～6%。但随着我国潜在经济增速的下降以及随之而来的长期利率下行，个人养老金保险产品的回报率要维持目前的水平存在较大的压力。而保险产品普遍投资期限较长，个人养老金参加者要实现产品转换的难度较大。①

问题83 风险承受能力中等的个人养老金参加者建议选择哪些个人养老金产品？

风险承受能力中等的个人养老金参加者可选择稳健型目标风险基金和个人养老金理财产品。

个人养老金理财产品主要为风险等级为R2和R3的产品。从个人养老金理财产品的资产配置来看，绝大多数资金投向了债券资产以及非标准化债权资产，投向权益资产的比重较低。由于净值化管理，个人养老金理财产品仍有亏损的可能。需要注意，个人养老金理财产品的业绩基准不代表预期收益。

个人养老金基金产品中有超过一半产品为稳健型目标风险基金。稳健型目标风险基金相对于个人养老金理财产品的权益投资比例更高，业绩弹性也更大。当市场下行时稳健型目标风险基金也会面临一定的回撤风险，总体上比较适合追求稳健收益同时希望增加一定业绩弹性的个人养老金参加者。②

问题84 风险承受能力较高的个人养老金参加者可以选择哪些个人养老金产品？

中高风险承受能力的个人养老金参加者可选择目标日期

①② 引自南方基金发布的《个人养老金应当如何投资》。

基金。

目标日期基金定位于为个人养老金参加者提供一站式的个人养老投资解决方案。从实践来看，目标日期基金可以帮助个人养老金参加者有效匹配生命周期的风险偏好，是实现动态资产配置的有力投资工具。

目标日期基金产品中挂名的日期通常为个人养老金参加者的预期退休日期，个人养老金参加者可根据预期退休年份，直观而便捷地选择合适的基金产品。如 1965—1975 年出生的个人养老金参加者可选择目标日期为 2030 的养老目标基金。随着目标退休日期临近，养老目标基金会逐渐降低权益类资产投资比例，以降低产品收益的波动性，实现更加稳健的投资回报。通常这类产品会设有最短持有期限，以避免短期频繁申购与赎回对基金投资策略及业绩产生影响，系统性提升个人养老金参加者的投资体验。

问题 85　投资个人养老金产品有哪些风险？

个人养老金产品投资主要存在市场风险、流动性风险、管理风险及其他风险。

（一）市场风险

市场风险是指证券市场价格因受到经济因素、政治因素、投资心理和交易制度等各种因素的影响而产生波动，导致个人养老金产品收益水平发生变化，主要包括政策风险、利率风险、信用风险、经营风险、经济周期风险等，具体见下表。

类型	内容
政策风险	因国家宏观政策（如货币政策、财政政策、产业政策、地区发展政策等）发生变化导致市场价格波动的风险

续表

类型	内容
利率风险	因金融市场利率的波动而导致证券市场价格和收益率变动的风险。其中，利率波动受货币政策、经济周期等多因素影响
信用风险	债券发行主体等信用状况恶化而可能产生的到期不能兑付的风险
经营风险	债券发行主体或上市公司的经营状况受多种因素的影响，如经营不善，其证券价格可能下跌，从而使基金投资收益下降的风险
经济周期风险	随着经济运行的周期性变化，证券市场的收益水平也呈周期性变化，基金投资的收益水平也会随之变化，从而产生相应风险

（二）流动性风险

流动性风险属于综合性风险，主要受到证券市场走势、金融市场整体流动性、基金管理人流动性管理能力、基金类型、基金份额持有人结构及投资者行为等多方面因素的影响。

对于部分个人养老金基金产品而言，在特殊情况下可能会面临所投资品种不能迅速、低成本地变现为现金，或者不能应对可能出现的参加者大额赎回的风险。前者是指所投资品种不能及时变现或无法按照正常的市场价格交易而引起损失的可能性；后者是指开放式基金产品在运作过程中可能会发生巨额赎回的情形，可能导致基金仓位调整出现困难，从而导致流动性风险，甚至影响基金单位净值。

（三）管理风险

在基金等个人养老金产品管理运作过程中，管理人的知识、经验等会影响其对信息的处理以及对经济形势、证券价格走势等的判断，从而影响产品的收益水平。此外，管理人的管理手段和技术等多重因素同样会影响产品的收益水平。

（四）其他风险

个人养老金产品投资中其他风险主要包括：

（1）因技术因素而产生的风险；

（2）因战争、自然灾害等不可抗力影响基金运作的风险；

（3）因金融市场危机、基金托管人违约等超出基金管理人自身控制能力的因素出现，可能导致基金或者参加者利益受损的风险；

（4）其他意外导致的风险等。

个人养老金储蓄存款

问题 86 个人养老金可投资于哪些储蓄存款产品？

根据国家社会保险公共服务平台 2024 年 8 月底最新披露，目前共计 22 家商业银行的 465 只个人养老金储蓄存款产品纳入个人养老金产品目录，个人养老金参加者可在该范围内选择投资。

目前个人养老金储蓄存款产品主要可分为特定养老储蓄产品和普通养老储蓄产品两类。其中特定养老储蓄产品处于试行阶段，已推出产品 44 只，根据政策限制，全部由中国银行、中国农业银行、中国工商银行、中国建设银行发行；产品类型主要为零存整取、整存整取和整存零取。普通个人养老金储蓄存款产品有 421 只，由 22 家银行推出，发行产品数量较多的是浙商银行、中国工商银行、北京银行、中国银行与中国建设银行；产品类型涵盖了通知存款、整存整取、定活两便、零存整取等。

问题 87 什么是特定养老储蓄？

根据银保监会和中国人民银行印发的《关于开展特定养老储

蓄试点工作的通知》，为加快推进商业养老金融业务发展，进一步丰富养老金融产品供给，满足人民群众多样化养老需求，银保监会和中国人民银行启动特定养老储蓄试点。自 2022 年 11 月 20 日起，由中国工商银行、中国农业银行、中国银行和中国建设银行在合肥、广州、成都、西安和青岛五个城市开展特定养老储蓄试点。特定养老储蓄产品包括整存整取、零存整取和整存零取三种类型，产品期限分为 5 年、10 年、15 年和 20 年四档，产品利率略高于大型银行 5 年期定期存款的挂牌利率。储户在单家试点银行特定养老储蓄产品存款本金上限为 50 万元。

特定养老储蓄要求年满 35 周岁才能办理，年满 55 周岁方可办理到期支取。整存整取、零存整取需要“年龄 + 产品期限”大于 55，整存零取需要年龄大于等于 55 周岁。

问题 88 对比普通储蓄存款，特定养老储蓄有何优势和劣势？

在优势方面，特定养老储蓄利率相对偏高。根据银保监会的要求，特定养老储蓄产品的利率略高于大型银行 5 年期定期存款的挂牌利率。

在劣势方面，特定养老储蓄期限偏长，根据政策要求，产品期限最短为 5 年；同时，特定养老储蓄对年龄限制较多，参加者可能因自身年龄原因在购买范围上受限。

问题 89 个人养老金参加者选择个人养老金储蓄存款产品时，应关注哪些产品要素？

参加者应当在进入“白名单”的金融机构和金融产品中选择，管理机构的资质、存款的期限、利率、存款计结息规则应该成为重要的选择因素。

从存款期限来看，期限最长的产品为中国工商银行、中国建设银行的特定养老储蓄 20 年期产品，最短的为中国邮政储蓄银行人民币 1 天通知存款与 7 天通知存款。大多数银行的个人养老金储蓄存款产品期限为 3 个月、6 个月、1 年、3 年以及 5 年、10 年。

从利率来看，个人养老金储蓄存款产品的利率相对一般储蓄存款产品略高。如招商银行的享定存 5 年期存款利率为 1.80%，宁波银行 5 年期整存整取存款利率为 2.10%，中国工商银行个人养老金专属存款 5 年期利率为 2.20%。需要特别注意的是，针对特定养老储蓄产品，目前仅前 5 年的年化利率能确定，银行将以 5 年为一个计息周期，满 5 年后会根据央行基准利率，对产品的利率进行调整并重新定价。

部分个人养老金储蓄存款利率

银行	产品系列	期限	利率 / %
招商银行	享定存 1 年期	1 年期	1.35
	享定存 2 年期	2 年期	1.45
	享定存 3 年期	3 年期	1.75
	享定存 5 年期	5 年期	1.80
宁波银行	整存整取（1 年期）	1 年期	1.65
	整存整取（3 年期）	3 年期	2.05
	整存整取（5 年期）	5 年期	2.10
中国工商银行	个人养老金专属存款 3 年期	3 年期	2.15
	个人养老金专属存款 5 年期	5 年期	2.20
	潜力客户专享定期 1 年期	1 年期	1.60
	个人人民币 1 年期整存整取存款	1 年期	1.60

续表

银行	产品系列	期限	利率 / %
中国工商银行	个人人民币 2 年期整存整取存款	2 年期	1.70
	个人人民币 3 年期整存整取存款	3 年期	2.10
	新客专享定期 3 年期	3 年期	2.15
	个人人民币 5 年期整存整取存款	5 年期	1.80
	新客专享定期 1 年期	1 年期	1.60
	商友存 1 年期（商友专属）	1 年期	1.60
	商友存（6 个月）	6 个月	1.50
	商友存（3 个月）	3 个月	1.30
中国建设银行	整存整取（养老金专属）	3 个月至 5 年	最高 2.20

资料来源：根据公开资料整理。

注：由于产品数量过多且数据获取较为困难，故选择部分重点银行的各期限典型产品作为代表。

个人养老金理财产品

问题 90 个人养老金可投资于哪些理财产品?

根据国家社会保险公共服务平台披露，截至 2024 年 6 月底，共有 6 家理财公司的 23 只理财产品纳入个人养老金产品目录，个人养老金参加者可在该范围内选择投资。

从投资标的来看，截至 2024 年 6 月底，个人养老金理财产品可分为固定收益类产品和混合类产品，其中固定收益类产品为市场主流，共 20 只；混合类产品仅有 3 只。

从风险水平来看，截至 2024 年 6 月底，理财产品有 5 个风险等级。个人养老金理财产品中，中低风险（R2）有 13 只，中等风险（R3）有 10 只，整体风格符合个人养老金产品文件的特征。

从发行机构来看，截至 2024 年 6 月底，个人养老金理财产品由工银理财、中银理财、农银理财、中邮理财、建信理财和贝莱德建信理财发行，其中工银理财、中银理财发行产品相对较多，分别有 8 只、5 只。

从运作模式来看，上述 23 只产品均为开放式净值型。

问题 91 对比其他个人养老金产品，个人养老金理财产品有什么特征？

与其他个人养老金产品相比，个人养老金理财产品具有参加门槛低、费率较低的优势，但也存在产品供给较少、具有一定风险的特征。

个人养老金理财产品具有下列优势。

（1）参加门槛低。个人养老金理财产品的认购起点金额为 1 元，显著降低了个人养老金参加者的参加门槛。

（2）费率较低。截至 2024 年 6 月底，市场上 23 只个人养老金理财产品的管理费率和销售手续费率平均约为万分之五，低于同类理财产品千分之二左右的费率水平。与采用 FOF 模式的个人养老金基金相比，个人养老金理财产品的自主投资比例较高，无须向底层产品管理人缴纳额外的管理费，这在一定程度上减轻了个人养老金参加者的负担。

个人养老金理财产品具有下列劣势。

（1）产品供给相对较少。相较于银行、保险公司、基金管理机构，理财公司尚处初创期，大部分机构成立至今不足 5 年。截至 2024 年 6 月底，个人养老金理财产品仅有 23 只，数量显著低于其他三类个人养老金产品。

（2）具有一定的风险性。随着资管新规落地，银行理财产品已全面进入净值化时代。相比于银行储蓄存款，投资于理财产品的风险更高。

问题92 个人养老金参加者选择个人养老金理财产品时，应关注哪些产品要素？

参加者应当在进入“白名单”的金融机构和理财产品中选择，管理机构的资质、理财产品的最短持有期（如有）、业绩基准、风险等级、过往业绩等产品要素应该成为选择因素。

从最短持有期和业绩基准来看，目前个人养老金理财产品最短持有期从360天到1 825天不等。不同理财公司最短持有期相同的产品，业绩基准可能有所不同，体现出不同理财公司的不同风险偏好。随着资管新规落地，银行理财产品已全面进入净值化时代。理财公司公布的业绩基准并不能代表预期收益。从部分成立时间超过两年的试点个人养老金理财产品实际年化回报来看，有实际回报大幅低于业绩基准的情况，也有高于业绩基准或与业绩基准一致的情况。[①]

从风险等级来看，根据银保监会印发的《商业银行理财业务监督管理办法》，商业银行只能向投资者销售风险等级等于或低于其风险承受能力等级的理财产品，并在销售文件中明确提示产品适合销售的投资者范围，在销售系统中设置销售限制措施。因此，对于个人养老金理财产品参加者来说，产品风险等级是选择产品进行投资的重要参考因素。

个人养老金保险产品

问题93 目前个人养老金可投资于哪些保险产品？

保险公司提供的各类商业养老保险实质是以获取养老金为主

① 引自南方基金发布的《个人养老金应当如何投资》。

要目的的长期人身险，满足购买条件的被保险人在达到特定的年龄之前可采用一次性趸缴或分期的方式缴纳保险费用，在达到合同规定的年龄后按照固定频率和金额领取养老金直至身故。根据银保监会印发的《关于保险公司开展个人养老金业务有关事项的通知》，保险公司开展个人养老金业务，可提供年金保险、两全保险，以及银保监会认定的其他产品；保险期间不短于5年。

截至2024年8月共有88只保险产品纳入个人养老金产品目录，产品形态主要包括前期试点的专属商业养老保险，以及两全保险、年金保险与万能保险。

问题94 什么是专属商业养老保险？

专属商业养老保险最早于2021年5月开始试点，在形态上以万能险为主，兼具投资性与保障性功能。

根据国家金融监督管理总局印发的《关于促进专属商业养老保险发展有关事项的通知》，专属商业养老保险是指资金长期锁定用于养老保障目的，被保险人领取养老金年龄应当达到法定退休年龄或年满60周岁的个人养老年金保险产品。

在收益方面，专属商业养老保险产品积累期采取保证加浮动的收益模式。保险公司应当为消费者提供一个以上的投资组合，不同投资组合保证利率可以不同。投资组合保证利率一经确定，不得调整。

在保险范围方面，专属商业养老保险的保险责任包括身故责任、年金领取责任，保险公司可以适当方式提供重大疾病、护理、意外等其他保险责任。消费者在保险合同期内身故，赔付金额在积累期内不得低于账户价值，在领取期内不得低于保证领取剩余部分与养老年金转换时账户价值扣除已领取金额的较大者，累计给付金额与赔付金额之和不得低于养老年金转换时账户价值。对于其他养老金领取方式，累计给付金额与赔付金额之和不得低于消费者尚未领取部分。

在领取方面，保险公司应当提供定期、终身等多种养老金领取方式，除另有规定外，专属商业养老保险领取期限不得短于10年。养老金领取安排可衔接养老、护理等服务，但应当另行签订相关服务合同。

问题95 个人养老金参加者选择个人养老金保险产品时，应关注哪些产品要素？

个人养老金参加者挑选产品时，需重点关注保障利率和实际结算利率。保障利率是写进保险合同的最低保证收益水平，反映了各家保险公司精算模型的定价能力。实际结算利率是已实现的投资收益率，反映了各家保险公司的投资能力。

由于每家保险公司产品设计的策略各有侧重，提供的保障也不完全相同。个人养老金参加者需要仔细阅读保险公司提供的产品说明书，根据保险公司的条款，结合自身的偏好加以选择。[①]

个人养老金基金产品

问题96 个人养老金可投资于哪些基金产品？

截至2024年6月共计有193只基金纳入个人养老金基金类产品目录，全部为养老目标基金。养老目标基金主要采用目标日期和目标风险两种投资策略，全部为FOF模式。

① 引自南方基金发布的《个人养老金应当如何投资》。

问题 97 什么是养老目标基金？什么是目标日期策略和目标风险策略？

根据《养老目标证券投资基金指引（试行）》，养老目标基金是指以追求养老资产的长期稳健增值为目的，鼓励投资人长期持有，采用成熟的资产配置策略，合理控制投资组合波动风险的公开募集证券投资基金。养老目标基金应当采用 FOF 形式或中国证监会认可的其他形式运作。

目前养老目标基金的投资策略主要分为两大类，分别为目标日期基金和目标风险基金。

采用目标日期策略的基金被称为目标日期基金，是以个人养老金参加者退休日期为目标，根据不同生命阶段风险承受能力进行投资配置的基金。它假定个人养老金参加者随着年龄增长，风险承受能力逐渐下降，因此会随着所设定目标日期的临近，逐步降低权益类资产（股票、股票基金、混合型基金等）的配置比例，增加非权益类资产的配置比例。目标日期基金多以退休日期命名，一般会每隔 5 年设置一个目标日期基金。

采用目标风险策略的基金被称为目标风险基金，即根据特定的风险偏好来设定权益类资产、非权益类资产配置比例的基金。常见的是按照某一特定波动率（如 3%）来进行资产配置，并采取有效措施控制基金风险。它假设个人养老金参加者比较清晰地知道自身对基金组合风险（波动率）的目标需求，一般基金公司会根据个人养老金参加者风险承受能力和风险等级不同进行分类。

目标日期基金与目标风险基金都是通过明确的投资策略为个人养老金参加者提供多元化的专业投资组合，从而满足其不同阶段的投资需求，力争实现基金的长期稳健增值。由于策略定位的不同，两者具有显著的个性化特点。

两类养老目标基金对比

	目标日期基金	目标风险基金
定义	根据投资者的退休“目标日期”而建立的养老投资工具	预先设定投资风格，采用长期固定的资产配置比例的养老基金
核心	下滑曲线策略	风险管理策略
资产配置策略	随着所设定目标日期的临近，逐步降低权益类资产的配置比例，增加非权益类资产的配置比例	根据特定的风险偏好设定权益类资产、非权益类资产的配置比例
风险管理	基金管理人控制风险水平	投资人控制风险水平

资料来源：根据中国证监会公开资料整理。

问题 98 养老目标基金期限有何特点?

根据《养老目标证券投资基金指引(试行)》,养老目标基金应当采用定期开放的运作方式或设置投资人最短持有期限,与基金的投资策略相匹配。养老目标基金定期开放的封闭运作期或投资人最短持有期限应当不短于 1 年。

问题 99 养老目标基金有什么优势和劣势?

在国际养老金投资领域,历史经验揭示了初期市场参加者由于专业素养不足和产品选择过载,常常导致养老金配置效率低下,投资回报率并不理想。为应对这一挑战,目标日期基金和目标风险基金等创新投资解决方案应运而生,以期优化养老金的资产配置。

养老目标基金具备以下核心优势。

(1)一站式投资解决方案。养老目标基金为个人养老金参加者提供了一种全面的资产配置服务,通过 FOF 的运作模式,利用经过市场验证的投资策略,追求长期资本增值。同时,通过设置封闭期或最短持有期限,减少了短期市场波动对投资组合的干扰,鼓励个人养老金参加者进行长期投资。

(2)与养老需求高度契合。养老资金具有长期性、对流动性需求较低的特点,这使得养老目标基金能够通过长期持有权益类资产,如股票型基金,以期实现较高的长期回报,同时降低短期市场波动的影响。养老目标基金根据个人养老金参加者的退休时间表,可以灵活调整权益类资产的配置比例,以适应不同阶段的投资需求。

(3)动态资产配置。养老目标基金通过组合多样化的基金产品，实现资产的动态调整。随着个人养老金参加者退休日期的临近，基金可以自动调整资产配置，缩小风险敞口，提高投资组合的稳健性。

（4）收益率较为可观。与其他养老产品相比，目标日期型基金在长期年化回报上具备较大的优势。

然而，正如所有金融产品一样，养老目标基金也存在一定的风险。养老目标基金本质上属于公募基金范畴，虽然具备适应养老需求的特性，但个人养老金参加者在选择产品时，应综合考虑个人生命周期、风险承受能力和市场环境，做出符合经济和自然规律的理性选择。

问题 100 个人养老金参加者选择养老目标基金产品时，应关注哪些产品要素？

个人养老金参加者应当在进入“白名单”的金融机构和基金产品中选择，管理机构的资质、基金的运作模式、风险等级、历史业绩、基金经理风格、管理费率应该成为重要的选择因素。

从运作模式来看，截至 2024 年 6 月 30 日，市面上 193 只养老目标基金均为开放式基金。

从风险等级来看，截至 2024 年 6 月 30 日，市场上的养老目标基金均为 R3、R4 等级，其中 R3 等级基金占据主流，共有 187 只；R4 等级基金 6 只。对于个人养老金基金产品参加者来说，应根据个人风险承受能力选择适当的产品。

从管理费率来看，上述养老目标基金的管理费率分布在 0.15% ~ 0.5%。

从历史业绩来看，基金历史业绩是指自成立以来的累计投资回报情况，它体现了基金管理人的投资策略、风险控制能力以及市场适应性等多方面因素。养老目标基金作为一种特殊类型的基金产品，其历史业绩尤其受到个人养老金参加者的关注。但基金的历史业绩并不能完全预示未来的表现。市场环境、基金经理的变更、投资策略的调整等因素都可能影响基金的未来收益。因此，个人养老金参加者在选择基金产品时，应综合考虑基金的历史业绩、管理团队的专业能力、投资策略的合理性以及自身的风险承受能力。

附件一　投资者教育小知识

储蓄存款

知识点1　什么是存款计结息规则?

根据中国人民银行货币政策司印发的《关于储蓄存款利息计算若干问题的解答》，存款计结息规则是指商业银行在计算存款利息时采用何种利率、如何计算利息、在什么时间支付所计利息或转入存款账户等一系列原则。

知识点2　什么是存款基准利率?

根据中国人民银行货币政策司印发的《关于储蓄存款利息计算若干问题的解答》，人民币储蓄存款按储种可分为活期存款、整存整取、零存整取、整存零取、存本取息、定活两便、通知存款。随着利率市场化的推进，目前中国人民银行公布的是各类存款的基准利率，即各类存款利率的上限，开办储蓄业务的金融机构（一般指商业银行和城乡信用社）可在基准利率基础上实行下浮利率，但在客户存款时须告知具体存款利率水平，储户也可在商业银行营业厅、网站上查询该商业银行的存款利率。

知识点3　银行采用什么方法计算利息?

根据中国人民银行货币政策司印发的《关于储蓄存款利息计

算若干问题的解答》，银行主要采用积数计息法和逐笔计息法计算利息。积数计息法便于对计息期间账户余额可能会发生变化的储蓄存款计算利息。因此，银行主要对活期性质的储蓄账户采取积数计息法计算利息，包括活期存款、零存整取、通知存款。而对于定期性质的存款，包括整存整取、整存零取、存本取息、定活两便，银行采用逐笔计息法计算利息。

知识点 4　什么是积数计息法？

根据中国人民银行货币政策司印发的《关于储蓄存款利息计算若干问题的解答》，积数计息法就是按实际天数每日累计账户余额，以累计积数乘以日利率计算利息的方法。积数计息法的计息公式为：

$$利息 = 累计计息积数 \times 日利率$$

其中，累计计息积数 = 账户每日余额合计数。

例：某储户活期储蓄存款账户变动情况见下表（单位：元），银行计算该储户活期存款账户利息时，按实际天数累计计息积数，按适用的活期储蓄存款利率计付利息。

日期	存入	支取	余额	计息期	天数	计息积数
2024.1.2	10 000	—	10 000	2024.1.2—2024.2.2	32	32 × 10 000=320 000
2024.2.3	—	3 000	7 000	2024.2.3—2024.3.10	36	36 × 7 000=252 000
2024.3.11	5 000	—	12 000	2024.3.11—2024.3.20	10	10 × 12 000=120 000
2024.3.20	—	—	12 000	—		

银行每季末月 20 日结息，2024 年 3 月 20 日适用的活期存款利率为 0.15%。因此，到 2024 年 3 月 20 日营业终了，银行计算该活期存款的利息为：

利息 = 累计计息积数 × 日利率

= (320 000+252 000+120 000) × (0.15% ÷ 360)

= 2.88 元

知识点 5　什么是逐笔计息法?

根据中国人民银行货币政策司印发的《关于储蓄存款利息计算若干问题的解答》，逐笔计息法是按预先确定的计息公式逐笔计算利息的方法。采用逐笔计息法时，银行在不同情况下可选择不同的计息公式。

（1）计息期为整年（月）时，计息公式为：利息 = 本金 × 年（月）数 × 年（月）利率。

（2）计息期有整年（月）又有零头天数时，计息公式为：利息 = 本金 × 年（月）数 × 年（月）利率 + 本金 × 零头天数 × 日利率。

（3）银行也可不采用第一、第二种计息公式，而选择以下计息公式：利息 = 本金 × 实际天数 × 日利率，其中实际天数按照“算头不算尾”原则确定，为计息期间经历的天数减去一。逐笔计息法便于对计息期间账户余额不变的储蓄存款计算利息，因此，银行主要对定期储蓄账户采取逐笔计息法计算利息。

例：某客户 2024 年 3 月 1 日存款 10 000 元，定期 6 个月，当时 6 个月定期储蓄存款的年利率为 1.26%，客户在到期日（即 9 月 1 日）支取，利息是多少？

（1）这笔存款计息为 6 个月，属于计息期为整年（月）的情况，银行可选择“利息 = 本金 × 年（月）数 × 年（月）利率”的计息公式。

利息 =10 000 × 6 × (1.26% ÷ 12) =63 元

（2）银行也可选择“利息 = 本金 × 实际天数 × 日利率”的计息公式，这笔存款的计息期间为 2024 年 3 月 1 日至 9 月 1 日，计息的实际天数为 184 天。

$$利息=10\ 000\times 184\times(1.26\%\div 360)=64.4\ 元$$

由于不同计息公式计算利息存在差异，储户在存款时应向银行咨询计息方法的相关情况。

知识点 6　什么是整存整取、定活两便、零存整取、整存零取？

（1）整存整取定期储蓄存款。一般 50 元起存，存期分 3 个月、半年、1 年、2 年、3 年和 5 年，本金一次存入，由储蓄机构发给存单，到期凭存单支取本息。

（2）零存整取定期储蓄存款。每月固定存额，一般 5 元起存，存期分 1 年、3 年、5 年，存款金额由储户自定，每月存入一次，中途如有漏存，应在次月补存，未补存者，到期支取时按实存金额和实际存期计算利息。

（3）整存零取定期储蓄存款。本金一次存入，一般 1 000 元起存，存期分 1 年、3 年、5 年。由储蓄机构发给存单，凭存单分期支取本金，支取期分 1 个月，3 个月，半年一次，由储户与储蓄机构协商确定，利息于期满结清时支取。

（4）定活两便储蓄存款。由储蓄机构发给存单，一般 50 元起存，存单分记名、不记名两种，记名式可挂失，不记名式不挂失。《储蓄管理条例》实施后存入的该项存款，计息一律按统一规定执行，即存期不限，存期不满 3 个月的，按天数计付活期利息；存期 3 个月以上（含 3 个月），不满半年的，整个存期按支取日定期整存整取 3 个月存款利率打 6 折计息；存期半年以上（含半年），不满 1 年的，整个存期按支取日定期整存整取半年期存款利率打 6 折计息；存期在 1 年以上（含 1 年），无论存期多长，整个存期一律按支取日定期整存整取 1 年期存款利率打 6 折计息。对《储蓄管理条例》实施前存入的该项存款，按原规定执行。

知识点 7　什么是通知存款?

通知存款，是指存款人在存入款项时不约定存期，支取时需提前通知金融机构，约定支取存款日期和金额方能支取的存款。

通知存款不论实际存期多长，按存款人提前通知的期限长短划分为 1 天通知存款和 7 天通知存款两个品种。1 天通知存款必须提前 1 天通知约定支取存款，7 天通知存款必须提前 7 天通知约定支取存款。

通知存款的最低起存金额个人为 5 万元；最低支取金额个人为 5 万元。存款人需一次性存入，可以一次或分次支取。

知识点 8　通知存款的利率水平如何确定?

根据中国人民银行印发的《通知存款管理办法》，通知存款存入时，存款人自由选择通知存款品种（1 天通知存款或 7 天通知存款），但存单或存款凭证上不注明存期和利率，金融机构按支取日挂牌公告的相应利率水平和实际存期计息，利随本清。

通知存款如遇以下情况，按活期存款利率计息：

（1）实际存期不足通知期限的，按活期存款利率计息；

（2）未提前通知而支取的，支取部分按活期存款利率计息；

（3）已办理通知手续而提前支取或逾期支取的，支取部分按活期存款利率计息；

（4）支取金额不足或超过约定金额的，不足或超过部分按活期存款利率计息；

（5）支取金额不足最低支取金额的，按活期存款利率计息。

知识点 9　除通知存款外，其他类型个人养老金储蓄存款产品的利率如何确定?

根据中国人民银行货币政策司印发的《关于储蓄存款利息计

算若干问题的解答》，定期整存整取存款按存单开户日挂牌公告的相应的定期储蓄存款利率计算利息。如在存期内遇利率调整，不论调高或调低，均按存单开户日所定利率计付利息，不分段计息。如储户提前支取，全部提前支取或部分提前支取的部分，按支取日挂牌公告的活期储蓄利率计息，未提前支取的部分，仍按原存单所定利率计付利息。

除活期储蓄存款和整存整取定期存款计结息规则由中国人民银行确定外，其他储种的计结息规则由商业银行法人（农村信用社以县联社为单位）以不超过中国人民银行同期限档次存款利率上限为原则，自行确定并提前告知客户。客户可向商业银行查询该行的计结息规则。

知识点 10　人民币储蓄存款业务的年利率、月利率和日利率如何换算?

根据中国人民银行货币政策司印发的《关于储蓄存款利息计算若干问题的解答》，我国一般公布人民币存款年利率。由于存款期限不同，银行计算利息时需将年利率换算成月利率和日利率，换算公式为：

月利率 = 年利率（%）÷ 12

日利率 = 年利率（%）÷ 360

年利率除以 360 换算成日利率，而不是除以 365 或闰年实际天数 366。依据惯例，我国按 9 的倍数确定年利率数据，年利率换算成日利率除以 360，可除尽。中央银行或商业银行在确定利率水平时，已经考虑了年利率、月利率和日利率之间的换算关系。

知识点 11　为什么有时同一储蓄业务，在不同银行的利息存在差异?

根据中国人民银行货币政策司印发的《关于储蓄存款利息计

算若干问题的解答》，随着利率市场化的推进，各商业银行在计算存款利息时，可能存在差异。利息差异主要来源于几个方面：一是商业银行在政策允许范围内可对存款利率下浮，各商业银行存款利率可能不同。储户在存款时应了解具体的存款利率水平，选择合适的银行；二是计结息规则不同，因复利因素造成利息差异；三是利息计算方法不同也会导致利息差异，如定期存款是采用整年整月加零头天数还是按存期实际天数计算利息即会导致利息差异。中国人民银行规定，商业银行应将存款计结息规则和计息方法告知客户，客户亦可向银行咨询相关信息，以便自主选择银行办理储蓄业务。

保险产品

知识点 12　什么是保险人？

保险人是指与投保人订立保险合同，并承担赔偿或给付保险金责任的保险公司。

知识点 13　什么是投保人？

投保人是指与保险公司订立保险合同，并按照合同约定负有支付保险费义务的人。

知识点 14　什么是被保险人？

被保险人是指其人身受保险合同保障，享有保险金请求权的人。如果投保人以自己为被保险人进行投保，投保人与被保险人就是同一人。

知识点 15　什么是受益人？

受益人是指人身保险合同中由被保险人或者投保人指定的享有保险金请求权的人，投保人、被保险人可以为受益人。

知识点 16　什么是两全保险？

生死两全保险简称两全险，又称生死保险或返还型保险。当被保险人在保险期内身故时，保险人按合同约定将身故保险金支付给受益人，保险合同终止。身故保险金一般为以下两者中金额较大者：被保险人身故时保险合同的现金价值；被保险人身故时投保人已交纳的保险费 × 被保险人身故时的到达年龄对应的比例系数。不同保险公司设定的比例系数有所不同。若被保险人生存至保险期届满，保险人将按合同约定的生存保险金支付给被保险人。对于两全保险的投保人而言，身故可得赔偿金，期满生存则到期后还本，类似于零存整取的储蓄存款。两全保险的得名也由此而来。

知识点 17　什么是年金保险？什么是分红型年金保险？

年金保险是指投保人或被保险人一次或按期交纳保险费，保险人以被保险人生存为条件，按年、半年、季或月给付养老保险金，直至被保险人死亡或保险合同期满。如果投保人于首个养老保险金领取日之前身故，保险公司给付身故保险金，合同终止。身故保险金的金额为以下两项中的较大者：投保人身故之日的保险合同的现金价值；已交纳的保险合同保险费。

分红型年金保险是指除上述保险责任外，保险公司还将根据上一会计年度分红保险业务的实际经营状况，按一定比例向投保人进行分配，从而使投保人不但能够享有传统保单下的保障功能，还可以分享保险公司的经营成果。但保险公司并不保证红利，红利为零的情况是可能存在的。

知识点 18　什么是万能保险？

万能保险具备人寿保险的基本功能。在合同有效期内，若被保险人身故，保险公司提供身故保险金。在合同有效期内，被保险人可按照规定申请年金。保险公司为被保险人建立个人投资账户，保单价值与该投资账户的业绩挂钩。个人账户享有最低保证利率。与其他险种相比，万能保险具有交费灵活、保额可调整、保单价值领取方便等优势。投保人可缓交或停交保费，也可一段时期之后再继续补交保费等，还可以一次或多次追加保费。也可以在一定范围内自主选择或随时变更“基本保额”，从而满足人们对保障、投资的不同需求。投保人还可以随时领取保单价值金额。

知识点 19　什么是分红型保险？

分红型保险是指保险公司将其实际经营成果优于定价假设的盈余，按照一定比例向保单持有人进行分配的人寿保险，具有以下特点。

（1）保单持有人可以获得红利分配。分红保险除具有基本保障功能外，保险公司每年还根据分红保险业务的实际经营状况，决定红利分配，即客户可以与保险公司一起分享经营成果。

（2）红利分配方式包括现金红利和增额红利。现金红利分配是指直接以现金的形式将盈余分配给保单持有人，保险公司可以提供多种红利领取方式，如现金、抵交保费、累积生息以及购买交清保额等。增额红利分配是指在整个保险期限内每年以增加保额的方式分配红利。

（3）红利的分配是不确定的。分红水平主要取决于保险公司的实际经营成果。

知识点 20　购买分红保险产品应注意哪些事项？

如果投保人选择购买分红保险产品，投保人应当了解分红保险可分配给投保人的红利是不确定的，没有固定的比率。分红水平主要取决于保险公司的实际经营成果。如果实际经营成果好于预期，保险公司才会将部分盈余分配给投保人。如果实际经营成果比预期差，保险公司可能不会进行盈余分配。不要将分红保险产品同其他金融产品（如国债、银行存款等）等同或进行片面比较。

知识点 21　购买万能保险产品应注意哪些事项？

如果投保人选择购买万能保险产品，投保人应当详细了解万能保险的费用扣除情况，包括初始费用、死亡风险保险费、保单管理费、手续费、退保费用等；万能保险产品的投资回报具有不确定性，投保人要承担部分投资风险；产品说明书或保险利益测算书中关于未来收益的测算是描述性的，最低保证利率之上的投资收益是不确定的。

知识点 22　什么是如实告知义务？不如实告知会有什么后果？

订立保险合同，保险人应当向投保人说明保险合同的条款内容，并可以询问被保险人的有关情况，投保人应当如实告知，即投保人应将其知道的与被保险人有关的所有重要事实如实告知保险公司。需要如实告知的重要事项一般会在投保单上列出，投保人须如实回答投保单上所提的问题。

投保人故意隐瞒事实，不履行如实告知义务的，或者因过失未履行如实告知义务，足以影响保险人决定是否同意承保或者提高保险费率的，根据合同约定，保险公司可以依法解除合同。

知识点 23　什么是犹豫期？犹豫期内解除保险合同如何计算退保金？

通常情况下，长期人身保险产品都设有犹豫期。犹豫期是从投保人收到保单并书面签收之日起 10 日内的一段时间。在这段时间内，投保人可以仔细考虑所购买的保险产品是否合适。如果所投保的产品与需求不符，投保人可以解除合同，保险公司会在扣除不超过 10 元的工本费后退还已交保险费。投保人在犹豫期解除合同的，按照合同约定，保险公司对在犹豫期内发生的事故将不承担保险责任。

理财产品

知识点 24 什么是理财产品的最短持有期？

理财产品的最短持有期是指投资者在购买理财产品后，必须持有一定期限才能赎回的时间限制。产品在最短持有期之内不可赎回，但随时可申购。在最短持有期结束后，投资者可以随时赎回。这种设计旨在鼓励投资者进行长期投资，减少短期资金流动对产品运作的影响，同时也有助于平滑市场波动带来的影响。

理财产品的最短持有期根据产品特性和投资策略来设定，不同理财产品的最短持有期可能会有所不同，具体信息需要参考相应理财产品的发行公告或产品说明书。

知识点 25 什么是理财产品的风险等级？

根据银保监会印发的《商业银行理财业务监督管理办法》，商业银行应当采用科学合理的方法，根据理财产品的投资组合、同类产品过往业绩和风险水平等因素，对拟销售的理财产品进行风险评级。理财产品风险评级结果应当以风险等级体现，由低到高至少包括一级至五级，并可以根据实际情况进一步细分。

同时，商业银行应当对非机构投资者的风险承受能力进行评估，确定投资者风险承受能力等级，由低到高至少包括一级至五级，并可以根据实际情况进一步细分。

知识点 26 什么是理财产品的过往业绩？

根据行业标准《资产管理产品介绍要素 第 1 部分：银行

理财产品》，过往业绩为该产品或发行机构同类理财产品的过往平均业绩和最好、最差业绩。理财产品过往业绩不代表其未来表现，不等于理财产品实际收益，投资须谨慎。

知识点 27　银行理财产品的分类？

根据银保监会印发的《商业银行理财业务监督管理办法》，商业银行应当根据投资性质的不同，将理财产品分为固定收益类理财产品、权益类理财产品、商品及金融衍生品类理财产品和混合类理财产品。固定收益类理财产品投资于存款、债券等债权类资产的比例不低于 80%；权益类理财产品投资于权益类资产的比例不低于 80%；商品及金融衍生品类理财产品投资于商品及金融衍生品的比例不低于 80%；混合类理财产品投资于债权类资产、权益类资产、商品及金融衍生品类资产且任一资产的投资比例未达到前三类理财产品标准。

知识点 28　什么是开放式净值型理财产品？

根据行业标准《资产管理产品介绍要素　第 1 部分：银行理财产品》，开放式理财产品是指自产品成立日至终止日期间，理财产品份额总额不固定，投资者可以按照协议约定，在开放日和相应场所按照产品投资清算价值，进行认购或者赎回的理财产品。

开放式净值型理财产品是一种在存续期内允许投资者在开放日进行申购和赎回操作的理财产品。这种产品没有固定的投资期限，投资者可以根据产品的实际运作情况享受浮动收益。开放式净值型理财产品的单位价值会根据市场情况和产品资产组合的表现而波动，因此投资者的收益和风险也相应浮动。

知识点 29　什么是业绩基准？

业绩基准是用于衡量投资表现的标准，是由理财公司、基金管理人根据产品往期的业绩表现，或同类型产品的历史业绩，计算出来一个投资者可能获得的预估收益。业绩基准为投资者提供了一个参考点，用以评估投资组合或金融产品的投资表现是否达到了市场平均水平或特定的预期目标。

业绩基准不仅用于评估基金及理财产品管理人的表现，也是投资者比较不同产品和投资策略的工具。通过比较产品的业绩与基准，投资者可以更好地理解产品的风险调整后收益。需要注意，产品的业绩基准并不能代表预期收益。

基金产品

知识点 30 什么是基金分红?

基金分红是指基金管理公司将基金投资所得的利润，按照基金合同约定的条件和方式，向基金份额持有人进行的收益分配。这种利润通常来源于基金持有的金融资产产生的股息、利息收益或资本利得。基金分红可以采取现金分红的形式，直接将利润分配给投资者，也可以通过红利再投资的方式，将利润转换为基金份额，增加投资者的基金持有量。基金分红的实施需满足一定的盈利条件，且分红政策和频率会根据基金的具体情况和市场环境而有所差异。重要的是，基金分红并不增加投资者的总投资收益，而是对已有收益的一种再分配，同时分红后基金的单位净值会相应减少，但投资者的总资产价值保持不变。此外，基金分红可能涉及税收问题，不同地区的税收政策对此有不同的规定，投资者在考虑分红时也应考虑税收影响。

知识点 31 什么是基金的认购、申购、赎回、转换、买入、卖出?

认购通常指在基金募集期，投资者根据基金份额的面值购买新发行基金的行为，是基金初始发行阶段的购买方式。

申购则发生在基金成立之后，投资者在二级市场或通过基金管理公司购买现有基金份额的过程，其价格基于当日的基金净值。

赎回是投资者将持有的基金份额卖回给基金管理公司，以换取现金或其他资产的行为，是投资者退出基金投资的主要方式。

转换指的是投资者在不改变投资金额的情况下，将持有的一只基金份额转换为同一基金管理公司旗下的另一只基金份额的操作，通常不涉及现金交易。

买入和卖出则更多地用于场内交易的基金，如交易型开放式指数基金（ETF），投资者可以在交易所市场上像股票一样买入或卖出这些基金份额，价格受市场供求关系影响。

知识点 32　什么是基金份额净值？

基金份额净值是指在某一特定时间点，基金资产总额减去负债后的净值，再除以基金的总份额数，得到的每份基金份额的单位价值。基金份额净值是衡量基金表现和投资者持有基金价值的重要指标，反映了每份基金份额在市场上的价值。计算公式为：

基金份额净值 =（基金资产总值 - 基金负债）/ 基金总份额

基金份额净值的高低直接关系到投资者的申购、赎回价格以及分红等权益。每日收盘后，基金管理公司会计算并公布当日的基金份额净值，供投资者参考。基金份额净值的波动受基金投资组合的资产价格变动、市场利率、汇率变化等因素影响。

对于开放式基金，投资者申购基金时，支付的金额按照当日的基金份额净值计算所能获得的基金份额数量；赎回基金时，获得的现金也是根据赎回当日的基金份额净值计算的。因此，基金份额净值是投资者进行基金交易和评估投资收益的基础。

知识点 33　什么是基金的累计净值和复权净值?

基金的累计净值和复权净值是衡量基金历史表现的两个重要指标，它们考虑了基金分红的影响，以不同方式反映基金的真实增值情况。

（一）累计净值

累计净值是指基金自成立以来，考虑所有现金分红再投资后的净值。它等于基金的份额净值加上自基金成立以来累计分配的现金红利。累计净值提供了一个衡量基金长期综合收益的指标，包括资本增值和分红收益。计算公式为：

累计净值 = 份额净值 + 累计分红

累计净值的增长反映了基金在不考虑分红再投资情况下的总回报。

（二）复权净值

复权净值是指基金份额净值经过对历史上所有分红进行复权调整后的净值。复权调整的目的是消除分红对基金净值的影响，以反映如果所有分红都以红利再投资方式进行的情况下，基金的净值表现。复权净值通常用于比较不同时间段或不同基金的历史表现，因为它提供了一个分红影响标准化后的净值。复权净值的计算方法因基金和市场而异，但基本原理是在每个分红日将分红金额按照分红日的净值重新投资于基金。

累计净值和复权净值都是评估基金长期表现的重要工具，但它们的侧重点不同。累计净值更侧重于基金的总回报，包括现金分红和资本增值；而复权净值则更侧重于基金的资本增值表现，消除了分红方式选择的影响。投资者在选择基金时，应综合考虑这两个指标，以获得更全面的基金表现评估。

知识点 34　为什么基金成立后会有封闭期?

基金成功募集足够资金宣告基金合同生效后都会有一段封闭期，在封闭期内投资者不能够申购和赎回基金份额，封闭期的设立是对投资者的保护，以实现基金成立后的平稳运行。新基金成立后需有一段时间依市场情况逐步完成初步的建仓布局，也便于基金管理人为日常申购、赎回做好充分的准备，所以基金合同中一般都设有封闭期的规定。根据《公开募集证券投资基金运作管理办法》，开放式基金的基金合同可以约定基金管理人自基金合同生效之日起一定期限内不办理赎回；但约定的期限不得超过三个月，并应当在招募说明书中载明。对于投资者而言，基金投资应以长期为宜，投资者不应过度关注基金的短期封闭时间，但也应该做好资金的相关流动性安排。

知识点 35　什么是个人养老金基金产品中的风险等级?

根据《基金募集机构投资者适当性管理实施指引（试行）》的要求，基金募集机构需要对基金产品或者服务的风险等级进行划分。

基金产品或者服务风险等级划分综合考虑以下因素。

（1）基金管理人成立时间，治理结构，资本金规模，管理基金规模，投研团队稳定性，资产配置能力、内部控制制度健全性及执行度，风险控制完备性，是否有风险准备金制度安排，从业人员合规性，股东、高级管理人员及基金经理的稳定性等。

（2）基金产品或者服务的结构（母子基金、平行基金），投资方向、投资范围和投资比例，募集方式及最低认缴金额，运作方式，存续期限，过往业绩及净值的历史波动程度，成立以来有无违规行为发生，基金估值政策、程序和定价模式，申购和赎回安排，杠杆运用情况等。

基金产品或者服务的风险等级要按照风险由低到高顺序，至少划分为 R1、R2、R3、R4、R5 五个等级。指引同时给出了基金产品或者服务风险等级划分参考标准，具体内容见下表。

风险等级	产品参考因素
R1	产品结构简单，过往业绩及净值的历史波动率低，投资标的流动性很好、不含衍生品，估值政策清晰，杠杆不超监管部门规定的标准
R2	产品结构简单，过往业绩及净值的历史波动率较低，投资标的流动性好、投资衍生品以套期保值为目的，估值政策清晰，杠杆不超监管部门规定的标准
R3	产品结构较简单，过往业绩及净值的历史波动率较高，投资标的流动性较好、投资衍生品以对冲为目的，估值政策清晰，杠杆不超监管部门规定的标准
R4	产品结构较复杂，过往业绩及净值的历史波动率高，投资标的流动性较差，估值政策较清晰，一倍（不含）以上至三倍（不含）以下杠杆
R5	产品结构复杂，过往业绩及净值的历史波动率很高，投资标的流动性差，估值政策不清晰，三倍（含）以上杠杆

注：（1）上述风险划分标准为参考因素，基金募集机构可以根据实际情况，确定评估因素和各项因素的分值和权重，建立评估分值与具体产品风险等级的对应关系，基金服务的风险等级应按照服务涵盖的产品组合的风险等级划分

（2）基金服务指以销售基金产品为目的开展的基金推介、基金组合投资建议等活动

（3）产品或服务的风险等级至少为五级，风险等级名称可以结合实际情况进行调整

（4）R4、R5 杠杆水平是指无监管部门明确规定的产品杠杆水平

知识点 36　长期业绩和短期业绩哪个更重要?

从科学投资的角度来看，单纯将短期业绩作为最重要的选择标准是一种非理性的投资策略，应当结合长期业绩综合判断，才能更好地评价投资经理真正的投资能力。

以基金为例，基金产品的短期业绩并不能完整代表基金经理的管理水平，短期业绩好也有可能是因为市场因素而不是主动管理能力带来的，甚至可能是因为承担了过高的风险而导致的。市场中经常能看到很多基金产品，前一年业绩排名非常领先，第二

年反而排名倒数。很多投资者只是看到了短期净值的飙升，却对背后的原因和逻辑有所忽视。因此，不能盲目追捧短期业绩领先的产品，应当结合长期业绩来理性地评价。基金经理的投资能力是需要时间来检验的，通常基金经理经历牛熊市考验，其选股能力、择时能力、回撤控制能力得到较为充分的验证，才更能体现其综合投资能力。

因此，投资者可以将短期业绩的排名作为投资的出发点，但在这个基础上，也要充分评估和衡量基金产品的长期业绩。

知识点 37　如何评估个人养老金基金产品的风险水平？

（1）了解基金风险等级：综合参考产品类型、流动性、封闭期限、杠杆比率、结构复杂性、投资方向和范围等因素，基金产品的风险水平由低至高可依次分为五个等级：低风险（R1）、中低风险（R2）、中风险（R3）、中高风险（R4）、高风险（R5）。最低风险承受能力类别的普通投资者不得购买高于其风险承受能力的基金产品或者服务。

（2）参考基金风险量化指标：常见的基金风险量化指标主要包括收益率标准差、贝塔系数、最大回撤、夏普比率和跟踪误差等。

（3）了解基金的持仓：基金在其定期报告中会披露持仓信息，其中季报披露前十大持仓，而在半年报及年报中会披露完整持仓。基于持仓信息可以计算基金的持仓集中度，如前十大重仓股集中度为基金前十大持仓个股占基金净值比之和。通常集中度较高的基金由于投资范围较为集中，无法较好地分散风险，投资者可能因此承受更高的净值波动风险。

知识点 38　什么是最大回撤？

最大回撤表示在选定周期内任一历史时点往后推，产品净值走到最低点时的收益率回撤幅度的最大值，简单来说就是过去某一段时间内基金最大的跌幅。最大回撤并不等同于出现亏损，它是一个比率，用来衡量从高点下降到其相对最低点的所有落差中的最大值。

最大回撤是一个重要的风险指标，更多地被用作投资领域内的风险评估工具，由基金经理、金融分析师和投资者用来评估和比较不同基金或投资策略的风险水平。在实际应用中，最大回撤通常结合其他指标如夏普比率等一起使用，以获得更全面的基金表现评估。

知识点 39　什么是阿尔法系数（α）和贝塔系数（β）?

阿尔法系数（α）和贝塔系数（β）是金融领域中衡量投资表现和市场风险的两个关键指标，它们源自资本资产定价模型（CAPM）。阿尔法系数代表投资或投资组合相对于基准指数的超额回报，是一个衡量投资绩效的指标，正的阿尔法值表示投资表现优于基准，而负值则表示表现不佳。

贝塔系数则衡量投资相对于整个市场波动性的敏感度，即市场风险。当 $\beta<0$ 时，代表基金与市场表现基本呈现反向变动，少数基金的贝塔值为负；当 $0<\beta<1$ 时，代表基金与市场表现基本呈现同向变动，且比市场波动要小；当 $\beta=1$ 时，代表基金与市场表现基本呈现一致变动；当 $\beta>1$ 时，代表基金与市场表现基本呈现同向变动，且比市场波动更大。

知识点 40　什么是夏普比率?

夏普比率是衡量基金风险的风险收益比，即资产组合每承受一单位总风险，可以相较无风险利率产生多少超额收益。计算公式为：夏普比率 =（基金年化收益率 – 无风险利率）/ 基金年化波动率。夏普比率越大，代表基金的收益风险表现越好。

知识点 41　为什么要坚持长期投资?

当谈论到长期投资时，首先必须掌握复利这一概念。复利是一种收益计算方式，它不仅包括本金产生的收益，还包括之前周期内产生的收益在随后的计息周期里继续产生的收益。复利是理财领域中的一个核心理念，其带来的财富累积称为“复利效应”。

复利效应的原理看似简单，但许多投资者却难以实现真正的长期投资。常言道，时间就是金钱，这一原则在投资领域同样适用。时间是投资的守护神，它能够利用市场定价的稳定性来平滑短期的市场波动。即使面临金融危机等极端事件，投资者也能够安然度过。

换言之，短期内，投资者为了规避价格波动而频繁交易，不仅损失了资金，而且没有真正规避波动，反而可能加剧了波动。相反，长期投资能够让投资者平抑市场的高峰和低谷，通过复利效应实现财富的显著增长。

附件二　个人养老金相关政策文件

（一）《关于推动个人养老金发展的意见》

> 该文件于2022年4月21日由国务院办公厅印发。这是个人养老金制度的顶层设计文件，提出了个人养老金的总体要求、参加范围、制度模式、缴费水平、税收政策、个人养老金投资、个人养老金领取、信息平台建设和运营监管等方面的具体规定。

国务院办公厅关于推动个人养老金发展的意见

国办发〔2022〕7号

各省、自治区、直辖市人民政府，国务院各部委、各直属机构：

为推进多层次、多支柱养老保险体系建设，促进养老保险制度可持续发展，满足人民群众日益增长的多样化养老保险需要，根据《中华人民共和国社会保险法》《中华人民共和国银行业监督管理法》《中华人民共和国保险法》《中华人民共和国证券投资基金法》等法律法规，经党中央、国务院同意，现就推动个人养老金发展提出以下意见：

一、总体要求

以习近平新时代中国特色社会主义思想为指导，全面贯彻党的十九大和十九届历次全会精神，认真落实党中央、国务院决策部署，坚持以人民为中心的发展思想，完整、准确、全面贯彻新发展理念，加快构建新发展格局，推动发展适合中国国情、政府政策支持、个人自愿参加、市场化运营的个人养老金，与基本养老保险、企业（职业）年金相衔接，实现养老保险补充功能，协调发展其他个人商业养老金融业务，健全多层次、多支柱养老保险体系。

推动个人养老金发展坚持政府引导、市场运作、有序发展的原则。注重发挥政府引导作用，在多层次、多支柱养老保险体系中统筹布局个人养老金；充分发挥市场作用，营造公开公平公正的竞争环境，调动各方面积极性；严格监督管理，切实防范风险，促进个人养老金健康有序发展。

二、参加范围

在中国境内参加城镇职工基本养老保险或者城乡居民基本养老保险的劳动者，可以参加个人养老金制度。

三、制度模式

个人养老金实行个人账户制度，缴费完全由参加人个人承担，实行完全积累。参加人通过个人养老金信息管理服务平台（以下简称信息平台），建立个人养老金账户。个人养老金账户是参加个人养老金制度、享受税收优惠政策的基础。

参加人可以用缴纳的个人养老金在符合规定的金融机构或者其依法合规委托的销售渠道（以下统称金融产品销售机构）购买金融产品，并承担相应的风险。参加人应当指定或者开立一个本人唯一的个人养老金资金账户，用于个人养老金缴费、归集收益、支付和缴纳个人所得税。个人养老金资金账户可以由参加人在符合规定的商业银行指定或者开立，也可以通过其他符合规定的金融产品销售机构指定。个人养老金资金账户实行封闭运行，其权益归参加人所有，除另有规定外不得提前支取。

参加人变更个人养老金资金账户开户银行时，应当经信息平台核验后，将原个人养老金资金账户内的资金转移至新的个人养老金资金账户并注销原资金账户。

四、缴费水平

参加人每年缴纳个人养老金的上限为12 000元。人力资源社会保障部、财政部根据经济社会发展水平和多层次、多支柱养老保险体系发展情况等因素适时调整缴费上限。

五、税收政策

国家制定税收优惠政策，鼓励符合条件的人员参加个人养老金制度并依规领取个人养老金。

六、个人养老金投资

个人养老金资金账户资金用于购买符合规定的银行理财、储蓄存款、商业养老保险、公募基金等运作安全、成熟稳定、标的规范、侧重长期保值的满足不同投资者偏好的金融产品，参加人可自主选择。参与个人养老金运行的金融机构和金融产品由相关金融监管部门确定，并通过信息平台和金融行业平台向社会发布。

七、个人养老金领取

参加人达到领取基本养老金年龄、完全丧失劳动能力、出国（境）定居，或者具有其他符合国家规定的情形，经信息平台核验领取条件后，可以按月、分次或者一次性领取个人养老金，领取方式一经确定不得更改。领取时，应将个人养老金由个人养老金资金账户转入本人社会保障卡银行账户。

参加人死亡后，其个人养老金资金账户中的资产可以继承。

八、信息平台

信息平台由人力资源社会保障部组织建设，与符合规定的商业银行以及相关金融行业平台对接，归集相关信息，与财政、税务等部门共享相关信息，为参加人提供个人养老金账户管理、缴费管理、信息查询等服务，支持参加人享受税收优惠政策，为个人养老金运行提供信息核验和综合监管支撑，为相关金融监管部门、参与个人养老金运行的金融机构提供相关信息服务。不断提升信息平台的规范化、信息化、专业化管理水平，运用“互联网+”创新服务方式，为参加人提供方便快捷的服务。

九、运营和监管

人力资源社会保障部、财政部对个人养老金发展进行宏观指导，根据职责对个人养老金的账户设置、缴费上限、待遇领取、税收优惠等制定具体政策并进行运行监管，定期向社会披露相关信息。税务部门依法对个人养老金实施税收征管。相关金融监管部门根据各自职责，依法依规对参与个人养老金运行金融机构的经营活动进行监管，督促相关金融机构优化产品和服务，做好产品风险提示，对产品的风险性进行监管，加强对投资者的教育。

各参与部门要建立和完善投诉机制，积极发挥社会监督作用，及时发现解决个人养老金运行中出现的问题。

十、组织领导

推动个人养老金发展是健全多层次、多支柱养老保险体系，增强人民群众获得感、幸福感、安全感的重要举措，直接关系广大参加人的切身利益。各地区要加强领导、周密部署、广泛宣传，稳妥有序推动有关工作落地实施。各相关部门要按照职责分工制定落实本意见的具体政策措施，同向发力、密切协同，指导地方和有关金融机构切实做好相关工作。人力资源社会保障部、财政部要加强指导和协调，结合实际分步实施，选择部分城市先试行1年，再逐步推开，及时研究解决工作中遇到的问题，确保本意见顺利实施。

国务院办公厅

2022年4月8日

（二）《个人养老金实施办法》

该文件于2022年10月26日由人力资源社会保障部、财政部等五部门联合印发，明确了个人养老金的具体实施细则，包括参加流程、资金账户管理、机构与产品管理、信息披露、监督管理等内容。

人力资源社会保障部　财政部　国家税务总局 银保监会　中国证监会关于印发 《个人养老金实施办法》的通知

人社部发〔2022〕70号

各省、自治区、直辖市及新疆生产建设兵团人力资源社会保障厅（局）、财政厅（局），国家税务总局各省、自治区、直辖市、计划单列市税务局，各银保监局、证监局：

为贯彻落实《国务院办公厅关于推动个人养老金发展的意见》（国办发〔2022〕7号），我们制定了《个人养老金实施办法》，现印发给你们，请认真贯彻落实。实施中遇到新情况、新问题，请及时向主管部门报告。

人力资源社会保障部

财政部

国家税务总局

银保监会

中国证监会

2022年10月26日

个人养老金实施办法

第一章　总　则

第一条　为贯彻落实《国务院办公厅关于推动个人养老金发展的意见》（国办发〔2022〕7号），加强个人养老金业务管理，规范个人养老金运作流程，制定本实施办法。

第二条　个人养老金是指政府政策支持、个人自愿参加、市场化运营、实现养老保险补充功能的制度。个人养老金实行个人账户制，缴费完全由参加人个人承担，自主选择购买符合规定的储蓄存款、理财产品、商业养老保险、公募基金等金融产品（以下统称个人养老金产品），实行完全积累，按照国家有关规定享受税收优惠政策。

第三条　本实施办法适用于个人养老金的参加人、人力资源社会保障部组织建设的个人养老金信息管理服务平台（以下简称信息平台）、金融行业平台、参与金融机构和相关政府部门等。

个人养老金的参加人应当是在中国境内参加城镇职工基本养老保险或者城乡居民基本养老保险的劳动者。金融行业平台为金融监管部门组织建设的业务信息平台。参与金融机构包括经中国银行保险监督管理委员会确定开办个人养老金资金账户业务的商业银行（以下简称商业银行），以及经金融监管部门确定的个人养老金产品发行机构和销售机构。

第四条　信息平台对接商业银行和金融行业平台，以及相关政府部门，为个人养老金实施、参与部门职责内监管和政府宏观指导提供支持。

信息平台通过国家社会保险公共服务平台、全国人力资源和社会保障政务服务平台、电子社保卡、掌上 12333 App 等全国统一线上服务入口或者商业银行等渠道，为参加人提供个人养老金服务，支持参加人开立个人养老金账户，查询个人养老金资金账户缴费额度、个人资产信息和个人养老金产品等信息，根据参加人需要提供涉税凭证。

第五条 各参与部门根据职责，对个人养老金的实施情况、参与金融机构和个人养老金产品等进行监管。各地区要加强领导、周密部署、广泛宣传，稳妥有序推动个人养老金发展。

第二章 参加流程

第六条 参加人参加个人养老金，应当通过全国统一线上服务入口或者商业银行渠道，在信息平台开立个人养老金账户；其他个人养老金产品销售机构可以通过商业银行渠道，协助参加人在信息平台在线开立个人养老金账户。

个人养老金账户用于登记和管理个人身份信息，并与基本养老保险关系关联，记录个人养老金缴费、投资、领取、抵扣和缴纳个人所得税等信息，是参加人参加个人养老金、享受税收优惠政策的基础。

第七条 参加人可以选择一家商业银行开立或者指定本人唯一的个人养老金资金账户，也可以通过其他符合规定的个人养老金产品销售机构指定。

个人养老金资金账户作为特殊专用资金账户，参照个人人民币银行结算账户项下Ⅱ类户进行管理。个人养老金资金账户与个人养老金账户绑定，为参加人提供资金缴存、缴费额度登记、个人养老金产品投资、个人养老金支付、个人所得税税款支付、资金与相关权益信息查询等服务。

第八条 参加人每年缴纳个人养老金额度上限为12 000元，参加人每年缴费不得超过该缴费额度上限。人力资源社会保障部、财政部根据经济社会发展水平、多层次养老保险体系发展情况等因素适时调整缴费额度上限。

第九条　参加人可以按月、分次或者按年度缴费，缴费额度按自然年度累计，次年重新计算。

第十条　参加人自主决定个人养老金资金账户的投资计划，包括个人养老金产品的投资品种、投资金额等。

第十一条　参加人可以在不同商业银行之间变更其个人养老金资金账户。参加人办理个人养老金资金账户变更时，应向原商业银行提出，经信息平台确认后，在新商业银行开立新的个人养老金资金账户。

参加人在个人养老金资金账户变更后，信息平台向原商业银行提供新的个人养老金资金账户及开户行信息，向新商业银行提供参加人当年剩余缴费额度信息。参与金融机构按照参加人的要求和相关业务规则，为参加人办理原账户内资金划转及所持有个人养老金产品转移等手续。

第十二条　个人养老金资金账户封闭运行，参加人达到以下任一条件的，可以按月、分次或者一次性领取个人养老金。

（一）达到领取基本养老金年龄；

（二）完全丧失劳动能力；

（三）出国（境）定居；

（四）国家规定的其他情形。

第十三条　参加人已领取基本养老金的，可以向商业银行提出领取个人养老金。商业银行受理后，应通过信息平台核验参加人的领取资格，获取参加人本人社会保障卡银行账户，按照参加人选定的领取方式，完成个人所得税代扣后，将资金划转至参加人本人社会保障卡银行账户。

参加人符合完全丧失劳动能力、出国（境）定居或者国家规定的其他情形等领取个人养老金条件的，可以凭劳动能力鉴定结论书、出国（境）定居证明等向商业银行提出。商业银行审核并报送信息平台核验备案后，为参加人办理领取手续。

第十四条 鼓励参加人长期领取个人养老金。

参加人按月领取时，可以按照基本养老保险确定的计发月数逐月领取，也可以按照自己选定的领取月数逐月领取，领完为止；或者按照自己确定的固定额度逐月领取，领完为止。

参加人选取分次领取的，应选定领取期限，明确领取次数或方式，领完为止。

第十五条 参加人身故的，其个人养老金资金账户内的资产可以继承。

参加人出国（境）定居、身故等原因社会保障卡被注销的，商业银行将参加人个人养老金资金账户内的资金转至其本人或者继承人指定的资金账户。

第十六条 参加人完成个人养老金资金账户内资金（资产）转移，或者账户内的资金（资产）领取完毕的，商业银行注销该资金账户。

第三章　信息报送和管理

第十七条 信息平台对个人养老金账户及业务数据实施统一集中管理，与基本养老保险信息、社会保障卡信息关联，支持制度实施监控、决策支持等。

第十八条 商业银行应及时将个人养老金资金账户相关信息报送至信息平台。具体包括。

（一）个人基本信息。包括个人身份信息、个人养老金资金账户信息等。

（二）相关产品投资信息。包括产品交易信息、资产信息。

（三）资金信息。包括缴费信息、资金划转信息、相关资产转移信息、领取信息、缴纳个人所得税信息、资金余额信息等。

第十九条　商业银行根据业务流程和信息的时效性需要，按照实时核验、定时批量两类时效与信息平台进行交互，其中：

（一）商业银行在办理个人养老金资金账户开立、变更、注销和资金领取等业务时，实时核验参加人基本养老保险参保状态、个人养老金账户和资金账户唯一性，并报送有关信息；

（二）商业银行在办理完个人养老金资金账户开立、缴费、资金领取，以及提供与个人养老金产品交易相关的资金划转等服务后，定时批量报送相关信息。

第二十条　金融行业平台应及时将以下数据报送至信息平台。

（一）个人养老金产品发行机构、销售机构的基本信息；

（二）个人养老金产品的基本信息；

（三）参加人投资相关个人养老金产品的交易信息、资产信息数据等。

第二十一条　信息平台应当及时向商业银行和金融行业平台提供技术规范，确保对接顺畅。

推进信息平台与相关部门共享信息，为规范制度实施、实施业务监管、优化服务体验提供支持。

第四章　个人养老金资金账户管理

第二十二条　商业银行应完成与信息平台、金融行业平台的系统对接，经验收合格后办理个人养老金业务。

第二十三条　商业银行可以通过本机构柜面或者电子渠道，为参加人开立个人养老金资金账户。

商业银行为参加人开立个人养老金资金账户，应当通过信息平台完成个人养老金账户核验。

商业银行也可以核对参加人提供的由社会保险经办机构出具的基本养老保险参保证明或者个人权益记录单等相关材料，报经信息平台开立个人养老金账户后，为参加人开立个人养老金资金账户，并与个人养老金账户绑定。

第二十四条 参加人开立个人养老金资金账户时，应当按照金融监管部门要求向商业银行提供有效身份证件等材料。

商业银行为参加人开立个人养老金资金账户，应当严格遵守相关规定。

第二十五条 个人养老金资金账户应支持参加人通过商业银行结算账户、非银行支付机构、现金等途径缴费。商业银行应为参加人、个人养老金产品销售机构等提供与个人养老金产品交易相关的资金划转服务。

第二十六条 商业银行应实时登记个人养老金资金账户的缴费额度，对于超出当年缴费额度上限的，应予以提示，并不予受理。

第二十七条 商业银行应根据相关个人养老金产品交易结果，记录参加人交易产品信息。

第二十八条 商业银行应为参加人个人养老金资金账户提供变更服务，并协助做好新旧账户衔接和旧账户注销。原商业银行、新商业银行应通过信息平台完成账户核验、账户变更、资产转移、信息报送等工作。

第二十九条 商业银行应当区别处理转移资金，转移资金中的本年度缴费额度累计计算。

第三十条 个人养老金资金账户当日发生缴存业务的，商业银行不应为其办理账户变更手续。办理资金账户变更业务期间，原个人养老金资金账户不允许办理缴存、投资以及支取等业务。

第三十一条 商业银行开展个人养老金资金账户业务，应当公平对待符合规定的个人养老金产品发行机构和销售机构。

第三十二条　商业银行应保存个人养老金资金账户全部信息自账户注销日起至少十五年。

第五章　个人养老金机构与产品管理

第三十三条　个人养老金产品及其发行、销售机构由相关金融监管部门确定。个人养老金产品及其发行机构信息应当在信息平台和金融行业平台同日发布。

第三十四条　个人养老金产品应当具备运作安全、成熟稳定、标的规范、侧重长期保值等基本特征。

第三十五条　商业银行、个人养老金产品发行机构和销售机构应根据有关规定，建立健全业务管理制度，包括但不限于个人养老金资金账户服务、产品管理、销售管理、合作机构管理、信息披露等。商业银行发现个人养老金实施中存在违规行为、相关风险或者其他问题的，应及时向监管部门报告并依规采取措施。

第三十六条　个人养老金产品交易所涉及的资金往来，除另有规定外必须从个人养老金资金账户发起，并返回个人养老金资金账户。

第三十七条　个人养老金产品发行、销售机构应为参加人提供便利的购买、赎回等服务，在符合监管规则及产品合同的前提下，支持参加人进行产品转换。

第三十八条　个人养老金资金账户内未进行投资的资金按照商业银行与个人约定的存款利率及计息方式计算利息。

第三十九条　个人养老金产品销售机构要以“销售适当性”为原则，依法了解参加人的风险偏好、风险认知能力和风险承受能力，做好风险提示，不得主动向参加人推介超出其风险承受能力的个人养老金产品。

第六章　信息披露

第四十条　人力资源社会保障部、财政部汇总并披露个人养老金实施情况，包括但不限于参加人数、资金积累和领取、个人养老金产品的投资运作数据等情况。

第四十一条　信息披露应当以保护参加人利益为根本出发点，保证所披露信息的真实性、准确性、完整性，不得有虚假记载、误导性陈述和重大遗漏。

第七章　监督管理

第四十二条　人力资源社会保障部、财政部根据职责对个人养老金的账户设置、缴费额度、领取条件、税收优惠等制定具体政策并进行运行监管。税务部门依法对个人养老金实施税收征管。

第四十三条　人力资源社会保障部对信息平台的日常运行履行监管职责，规范信息平台与商业银行、金融行业平台、有关政府部门之间的信息交互流程。

第四十四条　人力资源社会保障部、财政部、税务部门在履行日常监管职责时，可依法采取以下措施：

（一）查询、记录、复制与被调查事项有关的个人养老金业务的各类合同等业务资料；

（二）询问与调查事项有关的机构和个人，要求其对有关问题做出说明、提供有关证明材料；

（三）其他法律法规和国家规定的措施。

第四十五条　中国银行保险监督管理委员会、中国证券监督管理委员会根据职责，分别制定配套政策，明确参与金融机构的名单、业务流程、个人养老金产品条件、监管信息报送等要求，规范银行保险机构个人养老金业务和个人养老金投资公募基金业务，对参与金融机构发行、销售个人养老金产品等经营活动依法履行监管职责，督促参与金融机构优化产品和服务，做好产品风险提示，加强投资者教育。

参与金融机构违反本实施办法的，中国银行保险监督管理委员会、中国证券监督管理委员会依法依规采取措施。

第四十六条　中国银行保险监督管理委员会、中国证券监督管理委员会对金融行业平台有关个人养老金业务的日常运营履行监管职责。

第四十七条　各参与部门要加强沟通，通过线上线下等多种途径，及时了解社会各方面对个人养老金的意见建议，处理个人养老金实施过程中的咨询投诉。

第四十八条　各参与机构应当积极配合检查，如实提供有关资料，不得拒绝、阻挠或者逃避检查，不得谎报、隐匿或者销毁相关证据材料。

第四十九条　参与机构违反本实施办法规定或者相关法律法规的，人力资源社会保障部、财政部、税务部门按照职责依法依规采取措施。

第八章　附　则

第五十条　中国银行保险监督管理委员会、人力资源社会保障部会同相关部门做好个人税收递延型商业养老保险试点与个人养老金的衔接。

第五十一条　本实施办法自印发之日起施行。

第五十二条　人力资源社会保障部、财政部、国家税务总局、中国银行保险监督管理委员会、中国证券监督管理委员会根据职责负责本实施办法的解释。

（三）《关于个人养老金有关个人所得税政策的公告》

该文件于2022年11月3日由财政部、税务总局印发，规定了个人养老金的税收优惠政策，包括缴费环节的税前扣除、投资环节的投资收益暂不征税以及领取环节的税收政策。

关于个人养老金有关个人所得税政策的公告

财政部　税务总局公告2022年第34号

为贯彻落实《国务院办公厅关于推动个人养老金发展的意见》（国办发〔2022〕7号）有关要求，现就个人养老金有关个人所得税政策公告如下：

一、自2022年1月1日起，对个人养老金实施递延纳税优惠政策。在缴费环节，个人向个人养老金资金账户的缴费，按照12 000元/年的限额标准，在综合所得或经营所得中据实扣除；在投资环节，计入个人养老金资金账户的投资收益暂不征收个人所得税；在领取环节，个人领取的个人养老金，不并入综合所得，单独按照3%的税率计算缴纳个人所得税，其缴纳的税款计入“工资、薪金所得”项目。

二、个人缴费享受税前扣除优惠时，以个人养老金信息管理服务平台出具的扣除凭证为扣税凭据。取得工资薪金所得、按累计预扣法预扣预缴个人所得税劳务报酬所得的，其缴费可以选择在当年预扣预缴或次年汇算清缴时在限额标准内据实扣除。选择在当年预扣预缴的，应及时将相关凭证提供给扣缴单位。扣缴单位应按照本公告有关要求，为纳税人办理税前扣除有关事项。取得其他劳务报酬、稿酬、特许权使用费等所得或经营所得的，其缴费在次年汇算清缴时在限额标准内据实扣除。个人按规定领取个人养老金时，由开立个人养老金资金账户所在市的商业银行机构代扣代缴其应缴的个人所得税。

三、人力资源社会保障部门与税务部门应建立信息交换机制，通过个人养老金信息管理服务平台将个人养老金涉税信息交换至税务部门，并配合税务部门做好相关税收征管工作。

四、商业银行有关分支机构应及时对在该行开立个人养老金资金账户纳税人的纳税情况进行全员全额明细申报，保证信息真实准确。

五、各级财政、人力资源社会保障、税务、金融监管等部门应密切配合，认真做好组织落实，对本公告实施过程中遇到的困难和问题，及时向上级主管部门反映。

六、本公告规定的税收政策自2022年1月1日起在个人养老金先行城市实施。

个人养老金先行城市名单由人力资源社会保障部会同财政部、税务总局另行发布。上海市、福建省、苏州工业园区等已实施个人税收递延型商业养老保险试点的地区，自2022年1月1日起统一按照本公告规定的税收政策执行。

特此公告。

财政部

税务总局

2022年11月3日

（四）《个人养老金投资公开募集证券投资基金业务管理暂行规定》

> 该文件于2022年11月4日由中国证监会印发，是中国证监会为推进多层次、多支柱养老保险体系建设，规范个人养老金投资公开募集证券投资基金业务的相关活动，保护投资人合法权益而制定的法规，旨在确保个人养老金投资公募基金业务的规范性、安全性和透明度，同时促进业务的健康发展，满足居民养老投资需求。

中国证券监督管理委员会公告

〔2022〕46号

现公布《个人养老金投资公开募集证券投资基金业务管理暂行规定》，自公布之日起施行。

中国证监会

2022年11月4日

个人养老金投资公开募集证券投资基金业务管理暂行规定

第一章　总　则

第一条　为推进多层次、多支柱养老保险体系建设，规范个人养老金投资公开募集证券投资基金业务（以下简称个人养老金投资基金业务）的相关活动，保护投资人合法权益，根据《证券投资基金法》、《国务院办公厅关于推动个人养老金发展的意见》、《公开募集证券投资基金运作管理办法》（以下简称《运作办法》)、《公开募集证券投资基金销售机构监督管理办法》(以下简称《销售办法》)、《证券投资基金托管业务管理办法》(以下简称《托管办法》)等法律法规以及《个人养老金实施办法》相关要求，制定本规定。

第二条　本规定所称个人养老金投资基金，是指投资人根据《国务院办公厅关于推动个人养老金发展的意见》等有关规定，通过个人养老金资金账户购买符合规定的基金产品。

基金管理人、基金托管人、基金销售机构、基金评价机构等机构开展个人养老金投资基金业务的相关活动，适用本规定。

第三条　基金管理人、基金托管人、基金销售机构等机构开展个人养老金投资基金业务的，应当坚持投资人利益优先原则，落实资产安全性、运作稳健性、投资长期性、服务便利性等基本要求，履行诚实信用、谨慎勤勉的义务，确保业务规范、安全、可持续发展。

第四条　中国证监会及其派出机构依照法律法规和本规定，对个人养老金投资基金业务进行监督管理。

中国证券投资基金业协会（以下简称基金业协会）依照法律法规、本规定及自律规则，对个人养老金投资基金业务实施自律管理。

第五条　个人养老金基金行业平台（以下简称基金行业平台）是个人养老金投资基金业务的信息服务平台。中国证监会授权中国证券登记结算有限责任公司（以下简称中国结算）等机构建设并运营基金行业平台，为个人养老金投资基金业务提供支持，并对基金行业平台相关业务实施管理。

第二章　基本要求

第六条　基金管理人、基金销售机构应当针对个人养老金投资基金业务，建立健全并有效执行专门的管理制度和流程，完善组织架构和系统建设，配备足够的专业人员，强化投资、研究、销售、风险管理、投资者教育、客户服务等能力建设，确保业务运作符合个人养老金相关制度及中国证监会的规定，切实维护投资人合法权益。

第七条　基金管理人、基金销售机构应当建立长周期考核机制，对个人养老金投资基金业务、产品业绩、人员绩效的考核周期不得短于 5 年。

基金评价机构应当坚持长期评价原则，业绩评价期限不得短于 5 年，不得使用单一指标进行排名或者评价，不得进行短期收益和规模排名。

第八条　基金管理人、基金托管人、基金销售机构等机构应当在各自职责范围内，按照个人养老金相关制度规定，保障投资人参与个人养老金投资基金业务相关资金及资产的安全封闭运行。

除另有规定外，基金管理人、基金销售机构应当确保基金份额购买等款项来自个人养老金资金账户，基金份额赎回等款项转入个人养老金资金账户。基金管理人、基金销售机构办理继承等事项的，应当通过份额赎回方式办理，个人养老金相关制度另有规定的除外。

第九条　个人养老金资金和资产独立于基金管理人、基金销售机构、基金托管人等机构的自有资产。

非因投资人本身的债务或者法律法规规定的其他情形，不得查封、冻结、扣划或者强制执行个人养老金投资基金业务的基金销售结算资金、基金份额。

第三章　产品管理

第十条　个人养老金可以投资的基金产品（以下简称个人

养老金基金）应当具备运作安全、成熟稳定、标的规范、侧重长期保值等特征，且基金管理人具备《运作办法》第六条规定的条件。产品类型包括：

（一）最近4个季度末规模不低于5 000万元或者上一季度末规模不低于2亿元的养老目标基金；

（二）投资风格稳定、投资策略清晰、运作合规稳健且适合个人养老金长期投资的股票基金、混合基金、债券基金、基金中基金和中国证监会规定的其他基金。

个人养老金基金名录由中国证监会确定，每季度通过中国证监会网站、基金业协会网站、基金行业平台等向社会发布。

第十一条　个人养老金基金出现下列情形的，基金管理人应当在5个工作日内向中国证监会报告，中国证监会将不定期移出名录：

（一）依据法律法规规定及基金合同约定，不再符合产品存续条件的；

（二）产品发生重大变化导致不再适合个人养老金投资的；

（三）中国证监会规定的其他情形。

个人养老金基金被移出名录后，基金管理人、基金销售机构等机构应当做好信息披露和提示等工作，并暂停办理相关产品份额的申购等。

第十二条　个人养老金基金应当针对个人养老金投资基金业务设立单独的份额类别，在基金合同、招募说明书等文件中清晰约定，并依法进行注册或者备案。

个人养老金基金的单设份额类别不得收取销售服务费，可以豁免申购限制和申购费等销售费用（法定应当收取并计入基金资产的费用除外），可以对管理费和托管费实施一定的费率优惠。

第十三条　基金管理人可以根据投资人不同生命周期阶段的

养老投资需求和资金使用需求，在做好充分信息披露的前提下，对个人养老金基金产品设计做出以下安排：

（一）为鼓励投资人在个人养老金积累期长期投资，将分红方式设置为红利再投资；

（二）为鼓励投资人在个人养老金领取期长期领取，设置定期分红、定期支付、定额赎回等机制；

（三）在运作方式、持有期限、投资策略、估值方法、申赎转换等方面的其他安排。

第十四条 基金管理人在个人养老金基金的投资管理过程中，应当恪尽职守、专业审慎，结合个人养老金投资基金业务特点，坚持长期投资、价值投资，加强对个人养老金基金资产配置、投资标的、估值方法、风险状况、产品业绩等方面的研究分析，确保投资管理的科学性、稳健性和长期性。

基金管理人应当建立有效机制，严格遵守基金合同约定的投资目标、投资策略和投资限制，保持清晰、稳定的投资风格，合理控制投资组合与业绩比较基准的偏离。

第十五条 基金管理人应当根据个人养老金投资基金业务特征，建立健全风险管理机制和应急预案，有效防范和控制各类风险对产品运作的影响，确保投资人的合法权益不受损害并得到公平对待。

第四章 销售管理

第十六条 中国证监会根据以下条件确定可以开展个人养老金基金销售相关业务的基金销售机构名录，并每季度通过中国证监会网站、基金业协会网站、基金行业平台等向社会发布。

（一）经营状况良好，财务指标稳健，具备较强的公募基金销售能力；最近 4 个季度末股票基金和混合基金保有规模不低于

200 亿元，其中，个人投资者持有规模不低于 50 亿元。

（二）公司治理健全，内部控制完善，具备较高的合规管理水平；最近 3 年没有受到刑事处罚或者重大行政处罚；最近 1 年没有因相近业务被采取重大行政监管措施；没有因相近业务存在重大违法违规行为处于整改期间，或者因相近业务涉嫌重大违法违规行为正在被监管机构调查；不存在已经影响或者可能影响公司正常经营的重大变更事项，或者重大诉讼、仲裁等事项。

（三）与基金行业平台完成联网测试。

（四）中国证监会规定的其他条件。

基金管理人及其销售子公司可以办理该基金管理人募集的个人养老金基金的销售相关业务，且不适用前款第（一）项规定。

第十七条　基金销售机构出现下列情形的，应当在 5 个工作日内向中国证监会报告，中国证监会将不定期移出名录：

（一）连续 2 年不符合本规定第十六条第（一）项规定的条件；

（二）基金销售业务资格被依法撤销或者终止的；

（三）存在重大风险隐患；

（四）中国证监会规定的其他情形。

基金销售机构被移出名录后，基金销售机构不得新增个人养老金投资基金业务。

第十八条　基金销售机构应当向投资人充分解释说明个人养老金相关制度，在投资人首次投资个人养老金基金前，向投资人特别提示以下信息，并由投资人确认：

（一）基金份额赎回等款项将转入个人养老金资金账户，投资人未达到领取基本养老金年龄或者政策规定的其他领取条件时不可领取个人养老金；

（二）投资人应当如实提供个人身份信息、个人养老金资金账户信息；

（三）基金管理人、基金销售机构对个人信息的收集、保存、使用等情况；

（四）个人养老金投资基金业务具有自愿参加、自主选择、自担风险等业务属性；

（五）个人养老金每年缴费额度上限及相关税收政策；

（六）其他重要信息。

第十九条 基金销售机构应当根据投资人申请提供相关账户服务，并符合法律法规和个人养老金相关制度要求。账户服务包括：

（一）为投资人开立个人养老金基金专用交易账户，并绑定个人养老金资金账户作为结算账户；

（二）可以协助投资人通过商业银行等渠道在人力资源社会保障部个人养老金信息管理服务平台（以下简称信息平台）开立个人养老金账户；

（三）可以协助投资人在商业银行在线开立或者指定本人唯一的个人养老金资金账户；

（四）个人养老金资金账户变更后，为投资人办理新增或者变更结算账户、转托管转出等业务；

（五）个人养老金相关制度规定的其他职责。

第二十条 基金销售机构应当依照法律法规和中国证监会的规定开展个人养老金基金的宣传推介活动，强化投资者适当性管理，并履行下列职责：

（一）全面介绍产品不保证本金、不保证收益、追求长期收益等风险收益特征；

（二）向投资人展示产品资料概要，清晰揭示产品的封闭期或者持有期、权益资产等高风险资产的投资比例、费用项目和费率水平等信息；

（三）强化投资者适当性管理，个人养老金基金按照风险收益特征进行风险等级划分，根据投资人年龄、退休日期、收入水平和风险偏好等情况向投资人推介基金，不得向投资人主动推介超出其风险承受能力的基金，不得承诺或者宣传产品保本保收益，不得宣传产品预期收益率。

第二十一条　基金销售机构应当主要以定期投资等方式引导投资人长期投资。

基金销售机构为投资人办理其他基金份额向个人养老金基金份额转换业务、提供默认投资选择等服务的，应当符合个人养老金相关制度和中国证监会的规定，并在销售协议中充分揭示服务内容和风险。

基金销售机构在有效核实投资人身份及交易意愿、确保资金安全的前提下，可以将投资人赎回其他基金份额的销售结算资金转入投资人个人养老金资金账户，转入金额应当符合个人养老金制度关于缴费额度上限的规定。基金销售结算资金监督机构应当依法对相关销售结算资金划转流程进行监督。

第二十二条　基金销售机构应当在其互联网网站、移动客户端等渠道的醒目位置设立个人养老金投资基金业务专区，提供业务咨询、产品申赎、信息查询等相关服务。

基金销售机构应当积极开展养老金融教育，普及养老投资理念，加强投资人对养老金政策的理解。基金销售机构为投资人办理个人养老金基金专用交易账户开立后，投资人长期未购买个人养老金基金的，基金销售机构应当予以适当提示。

第二十三条　基金销售机构应当为投资人提供便捷的信息查询服务，查询信息包括但不限于个人基本信息、基金产品基本信息、持有份额信息等。根据投资人授权，基金销售机构可以依法协助投资人查询个人养老金缴费等相关信息。

第二十四条　基金销售机构应当及时处理投资人提出的个人养老金投资基金业务相关投诉、咨询及意见建议。

第五章　基金行业平台

第二十五条　基金行业平台按照个人养老金相关制度要求与信息平台、开展个人养老金资金账户业务的商业银行、基金管理人和基金销售机构等机构建立系统连接和数据交互。

中国结算等机构应当妥善保存相关数据，遵守个人信息保护和数据保密等要求，不得篡改、毁损或者泄露，除法律法规以及中国证监会另有规定或者认可外，中国结算等机构不得向第三方提供相关数据。

第二十六条　基金管理人、基金销售机构应当与基金行业平台建立系统连接，按照基金行业平台相关业务规则及技术规范要求与基金行业平台交互相关业务数据，并确保数据的完整性、准确性、安全性、及时性。

第二十七条　基金行业平台与开展个人养老金资金账户业务的商业银行进行数据交互，具体内容包括：

（一）个人养老金资金账户信息、账户状态信息等；

（二）个人养老金投资基金业务的资金划付指令、交收结果等资金信息；

（三）中国证监会认可的其他信息。

第二十八条　基金行业平台按照个人养老金相关制度要求向信息平台报送个人养老金投资基金业务相关数据。

基金行业平台应当建立健全数据统计分析制度，并定期向中国证监会、人力资源社会保障部等部门报送个人养老金投资基金业务运行情况。

第六章　监督管理

第二十九条　中国证监会加强与人力资源社会保障部、财政部、国家税务总局、中国银保监会等部门的沟通配合，建立信息共享机制，不断完善监管安排，加强监管协调。

第三十条　中国证监会及其派出机构依据法律法规对基金管理人、基金销售机构等机构开展个人养老金投资基金业务的情况进行定期或者不定期检查，基金管理人、基金销售机构等机构应当予以配合。

第三十一条　中国证监会及其派出机构定期对基金管理人、基金销售机构开展个人养老金投资基金业务情况进行动态监管，包括个人养老金基金投资运作情况、销售保有规模、投资人长期收益、客户服务能力等。相关结果应用于基金管理人分类评价、业务创新评估等，不合格的个人养老金基金或者基金销售机构从名录中移出。

第三十二条　基金管理人、基金托管人、基金销售机构、基金评价机构等机构违反法律法规和本规定的，中国证监会、中国银保监会根据《运作办法》《托管办法》《销售办法》《证券投资基金评价业务管理暂行办法》等规定，对有关机构和人员采取行政监管措施；依法应予行政处罚的，依照有关规定进行行政处罚；涉嫌犯罪的，移送司法机关，追究刑事责任。

第七章　附　则

第三十三条　基金管理人及其销售子公司办理该基金管理人募集的个人养老金基金销售相关业务的，应当符合本规定第十八条至第二十四条的要求。

第三十四条　个人养老金投资基金业务的投资顾问服务管理规范，由中国证监会另行制定。

第三十五条　本规定自公布之日起施行。

（五）《个人养老金基金行业平台运作管理暂行办法》

该文件于2022年11月4日由中国证券登记结算有限责任公司印发，主要规定了基金行业平台的建设运营、监督管理职责、基金管理与销售机构的业务要求、投资人权益保护、信息报送与披露以及违规行为的监管措施等内容。

个人养老金基金行业平台运作管理暂行办法

中国结算发字〔2022〕106号

第一条 为规范个人养老金基金行业平台（以下简称基金行业平台）相关业务开展，保护投资人合法权益，根据《中华人民共和国证券投资基金法》《国务院办公厅关于推动个人养老金发展的意见》《个人养老金实施办法》《公开募集证券投资基金运作管理办法》《公开募集证券投资基金销售机构监督管理办法》《个人养老金投资公开募集证券投资基金业务管理暂行规定》等法律、行政法规及部门规章的规定，制定本办法。

第二条 本办法所称基金行业平台，是指中国证券登记结算有限责任公司（以下简称本公司）根据中国证监会授权建设、运营并管理的，为个人养老金投资公开募集证券投资基金（以下简称基金）业务提供支持的信息服务平台。

第三条 资金账户行（指开展个人养老金资金账户业务的商业银行）、基金管理人、基金销售机构等个人养老金投资基金业务参与主体开展基金行业平台相关业务，适用本办法。

本公司可以依据本办法，制定相关业务指引和技术规范，规范基金行业平台各相关方业务关系、业务办理流程及数据交互方式等具体事项。

第四条 经相关金融监管部门确定可以参与个人养老金相关

业务的资金账户行、基金管理人、基金销售机构等在开展基金行业平台相关业务前，应当向本公司申请接入基金行业平台，成为平台参与机构。平台参与机构发生被中国证监会移出名录等情形的，应当及时向本公司申请关闭基金行业平台相关业务权限或者退出基金行业平台。

本公司有权根据中国证监会相关要求，关闭平台参与机构在基金行业平台的相关业务权限或者将平台参与机构移出基金行业平台。

第五条　平台参与机构在开展个人养老金投资基金业务过程中，应当按照有关法律法规要求，认真履行相关职责，采取有效措施落实个人养老金资金、资产安全封闭运行的有关规定，切实做好投资人个人信息保护工作，确保各项业务依法合规开展。

第六条　平台参与机构通过基金行业平台开展业务，应当严格遵守本公司制定的相关数据接口、交互时点等技术规范要求。对于未按照相关要求报送的数据，本公司有权不予处理。

第七条　对被中国证监会确定为个人养老金基金的基金产品，其基金管理人在开展基金行业平台相关业务前，应当向本公司申请为该基金办理基金行业平台产品接入手续。基金发生被中国证监会移出名录等情形的，基金管理人应当及时向本公司申请为该基金办理关闭基金行业平台相关业务权限或者退出基金行业平台手续。

本公司有权根据中国证监会相关要求，关闭基金在基金行业平台的相关业务权限或者将基金移出基金行业平台。

第八条　基金销售机构应当协助首次参与个人养老金投资基金业务的投资人，向基金行业平台申请开立基金行业平台账户（以下简称平台账户）。基金行业平台根据相关申请，为投资人开立唯一的平台账户，作为记录其参与个人养老金投资基金业务情况的载体，并记录平台账户与投资人个人养老金账户、个人养老金资金账户间的关联关系。基金销售机构应当提醒并及时协助身份信息、联系方式、个人养老金资金账户等信息发生变化的投资人，向基金行业平台申请更新相关信息。

第九条 已接入基金行业平台的资金账户行，应当配合对投资人办理平台账户业务过程中涉及的个人养老金资金账户等信息予以核验，并向基金行业平台反馈该投资人个人养老金账户等相关信息。

第十条 基金行业平台为平台参与机构开展个人养老金投资基金相关业务提供数据流转服务。对于数据发出方发出的符合相关数据接口、交互时点等技术规范要求的数据，接收方应当及时予以处理、反馈。

第十一条 基金行业平台向已接入基金行业平台的资金账户行、基金销售机构推送已接入基金行业平台的资金账户行、基金销售机构名单等数据，向已接入基金行业平台的基金销售机构推送平台接入产品名单等数据。

第十二条 已接入基金行业平台的基金管理人、基金销售机构应当按规定向基金行业平台报送其管理、销售的平台接入产品的产品信息及交易数据，并确保其报送内容的真实性、准确性、完整性、及时性、合法性。

第十三条 基金行业平台基于基金管理人、基金销售机构等平台参与机构向基金行业平台报送或者通过基金行业平台流转的数据，向人力资源社会保障部个人养老金信息管理服务平台（以下简称信息平台）报送平台参与机构信息、平台接入产品信息、投资人投资个人养老金基金相关信息等数据，向中国证监会、人力资源社会保障部等部门报送个人养老金投资基金业务运行情况。

第十四条　本公司可以基于基金管理人、基金销售机构等平台参与机构向基金行业平台报送或者通过基金行业平台流转的数据，通过中国证监会认可的途径，向投资人提供其参加个人养老金投资基金相关业务的信息查询服务。本公司提供的查询结果不具有确认投资人相关权利归属的法律效力。投资人持有个人养老金基金的情况以相关基金份额登记机构的登记结果为准。

第十五条　基金管理人销售其管理的基金，开展基金行业平台相关业务的，适用本办法基金销售机构的相关规定。

第十六条　因地震、台风、水灾、火灾、战争、疫情及其他不可抗力、不可预测或者无法控制的系统故障、设备故障、通信故障、停电等突发事故给有关当事人造成损失的，本公司不承担责任。

第十七条　本办法由本公司负责解释。

第十八条　本办法自 2022 年 11 月 4 日起施行。

（六）《个人养老金基金行业平台业务指引》

该文件于 2022 年 11 月 4 日由中国证券登记结算有限责任公司印发，主要规定了基金行业平台的运作规则、参与机构的职责、信息报送要求、投资人服务流程、监督管理机制以及风险控制措施，旨在确保个人养老金基金业务的规范运作和信息的准确披露。

个人养老金基金行业平台业务指引

中国结算业字〔2022〕1 号

第一章 总 则

第一条 为规范个人养老金基金行业平台（以下简称基金行业平台）相关业务开展，保护投资人合法权益，根据《中华人民共和国证券投资基金法》《国务院办公厅关于推动个人养老金发展的意见》《个人养老金实施办法》《公开募集证券投资基金运作管理办法》《公开募集证券投资基金销售机构监督管理办法》《个人养老金投资公开募集证券投资基金业务管理暂行规定》《个人养老金基金行业平台运作管理暂行办法》等法律法规、部门规章及业务规则的规定，制定本指引。

第二条 本指引所称基金行业平台，是指中国证券登记结算有限责任公司（以下简称本公司）根据中国证监会授权建设、运营并管理的，为个人养老金投资公开募集证券投资基金（以下简称基金）业务提供支持的信息服务平台。

第三条 资金账户行（指开展个人养老金资金账户业务的商业银行）、基金管理人、基金销售机构等个人养老金投资基金业务参与主体开展基金行业平台相关业务，适用本指引。本指引未规定的，适用本公司其他相关规定。

第二章　平台参与机构及产品管理

第一节　平台参与机构管理

第四条　资金账户行、基金管理人、基金销售机构等个人养老金投资基金业务参与主体在开展基金行业平台相关业务前，应当以法人名义向本公司申请接入基金行业平台，成为平台参与机构，并申请开通相应角色权限。

第五条　平台参与机构可以选择开通的角色权限包括资金账户行、基金管理人、基金销售机构。一个平台参与机构可以选择开通一项或者多项角色权限。

第六条　个人养老金投资基金业务参与主体申请接入平台，或者平台参与机构申请开通新的角色权限的，应当与本公司签订相关服务协议，并向本公司提交以下材料：

（一）平台参与机构接入申请表；

（二）从事个人养老金投资基金相关业务的资质证明文件复印件；

（三）营业执照复印件；

（四）法定代表人有效身份证明文件复印件；

（五）法定代表人授权经办人办理相关手续的授权委托书及经办人有效身份证明文件复印件；

（六）测试报告；

（七）本公司要求的其他材料。

第七条　申请开通基金管理人角色权限的平台参与机构应当同时申请开通基金行业平台基金管理人客户端（以下简称管理人客户端）。平台参与机构应当妥善保管用于登陆管理人客户端的U 盾及用户名、密码等信息，并为通过其管理人客户端提交数据的真实性、准确性、完整性、及时性、合法性负责。

第八条 平台参与机构的机构信息发生变更的，应当及时向本公司申请办理机构信息变更手续。平台参与机构申请变更机构名称、有效身份证明文件类型、有效身份证明文件号码等信息的，还应当向本公司提交以下材料：

（一）平台参与机构信息变更申请表；

（二）变更事项相关证明文件；

（三）营业执照复印件；

（四）法定代表人有效身份证明文件复印件；

（五）法定代表人授权经办人办理相关手续的授权委托书及经办人有效身份证明文件复印件；

（六）本公司要求的其他材料。

第九条 已开通基金销售机构角色权限的平台参与机构，发生被中国证监会移出名录等情形的，应当及时向本公司申请停止其基金销售机构角色在基金行业平台新增个人养老金投资基金业务（以下简称停止新增销售业务）。平台参与机构某项角色在基金行业平台的相关业务均已了结，且拟不再使用该角色开展个人养老金投资基金相关业务的，应当向本公司申请关闭该角色权限。平台参与机构各项角色权限均已关闭的，应当向本公司申请退出基金行业平台。

第十条 平台参与机构申请停止新增销售业务、关闭角色权限或者退出基金行业平台的，应当向本公司提交以下材料：

（一）平台参与机构角色权限关闭 / 退出申请表；

（二）营业执照复印件；

（三）法定代表人有效身份证明文件复印件；

（四）法定代表人授权经办人办理相关手续的授权委托书及经办人有效身份证明文件复印件；

（五）本公司要求的其他材料。

第十一条　本公司有权根据中国证监会要求，停止平台参与机构在基金行业平台的相关业务、关闭相关角色权限或者将平台参与机构移出基金行业平台。本公司要求相关机构补充提供有关材料的，相关机构应当配合提供。

第十二条　停止新增销售业务的平台参与机构，不得再使用基金销售机构角色为投资人办理基金行业平台账户（以下简称平台账户）开立、平台接入产品的认购、申购、定期定额申购、转托管入等业务，但是仍可以继续办理赎回、定期定额赎回、转托管出、基金转换、分红等业务。

第十三条　停止新增销售业务或者关闭角色权限的平台参与机构，可以向本公司申请恢复在基金行业平台开展相关业务或者重新开通角色权限，相关手续参照开通新角色权限相关要求办理。

退出（或被移出）基金行业平台的平台参与机构，可以重新向本公司申请接入基金行业平台，相关手续按照首次接入基金行业平台办理。

第二节　产品管理

第十四条　基金开展个人养老金投资基金业务的，基金管理人应当为其设立单独的份额类别（以下简称养老份额类别）并使用专门的基金代码。对开展个人养老金投资基金业务的基金，其基金管理人应当于开展基金行业平台相关业务前三日前向本公司提交基金信息表等材料，申请为该基金的养老份额类别办理基金行业平台产品接入手续。

第十五条　基金养老份额类别接入基金行业平台的，基金管理人应当于规定时点前，通过管理人客户端向基金行业平台补充填报该基金养老份额类别的其他产品基本信息。产品基本信息发生变更的，基金管理人应当及时通过管理人客户端或者直接向本公司提交申请等方式办理产品基本信息变更手续。

基金养老份额类别开展分红业务前，基金管理人应当及时通过管理人客户端填报分红业务相关信息（以下将分红业务相关信息及基金基本信息统称产品信息）。

第十六条 基金发生被中国证监会移出名录等情形的，基金管理人应当及时向本公司申请停止相关基金养老份额类别在基金行业平台开展新业务（以下简称停止展业）。基金养老份额类别在基金行业平台的相关业务均已了结，且拟不再开展个人养老金投资基金业务的，基金管理人应当向本公司申请为该基金养老份额类别办理退出平台手续。

第十七条 本公司有权根据中国证监会要求，将相关基金养老份额类别在基金行业平台停止展业或者移出平台。本公司要求基金管理人补充提供有关材料的，基金管理人应当配合提供。

第十八条 停止展业的基金养老份额类别，不得再开展认购、申购、定期定额申购、基金转换入等业务，但是仍可以继续开展赎回、定期定额赎回、基金转换出、转托管、分红等业务。

退出（或被移出）基金行业平台的基金养老份额类别，不得再开展基金行业平台相关业务。基金管理人应当自基金养老份额类别退出（或被移出）之日起，停止向基金行业平台报送该基金养老份额类别的产品信息、净值信息及其他相关信息。

第十九条 基金管理人可以向本公司申请将停止展业的基金养老份额类别在基金行业平台恢复展业，相关手续参照基金行业平台产品接入手续办理。

第二十条 基金养老份额类别已退出（或被移出）的基金，如拟恢复开展个人养老金投资基金业务，基金管理人应当为该基金设立新的养老份额类别，并使用新的基金代码向本公司申请为新设立的基金养老份额类别办理基金行业平台产品接入手续。

第三章　平台账户管理

第一节　一般规定

第二十一条　本指引所称平台账户，是指基金行业平台根据投资人申请，为其开立的用于记录其参与个人养老金投资基金业务情况的载体。

第二十二条　基金销售机构应当根据投资人申请，协助投资人向基金行业平台申请办理平台账户开立、资料变更、信息查询、注销等平台账户相关业务。基金销售机构协助投资人办理平台账户相关业务时，应当认真核实投资人身份，确保向基金行业平台报送的信息真实、准确、有效，并根据基金行业平台相关反馈信息，采取适当方式及时将业务办理结果告知投资人。

第二十三条　基金行业平台记录的投资人平台账户资料包括：投资人姓名、有效身份证明文件类型、有效身份证明文件号码（以下统称身份信息三要素）、有效身份证明文件有效期、性别、国籍、手机号码、其他联系方式、个人养老金账户、个人养老金资金账户（以下简称资金账户）相关信息等。

其中，资金账户相关信息包括与平台账户建立了关联关系的资金账户的账户号码、账户名称、开户行、开户行所在地、大额支付号等信息。

第二十四条　基金行业平台记录投资人在每个基金销售机构处最近一次更新的平台账户资料（以下简称销售机构处平台账户资料），并以投资人最近一次通过任一基金销售机构更新的账户资料作为该投资人的平台账户资料。

第二十五条　同时开通了资金账户行、基金销售机构角色权限的平台参与机构，可以向本公司申请为其基金销售机构角色开通平台账户业务快捷处理功能。对于开通了平台账户业务快捷处理功能的平台参与机构，在使用其基金销售机构角色开展平台账户业务的过程中，通过其资金账户行角色开展的相关业务，按照以下方式开展：

（一）基金销售机构提供的投资人身份信息三要素、资金账户等信息视为已经通过资金账户行核验，基金行业平台不再向资金账户行申请核验；

（二）对于应当由资金账户行向基金行业平台提供的个人养老金账户等信息，由基金销售机构代为向基金行业平台提供；

（三）基金销售机构可以于每日规定时点前将其当日受理的平台账户类业务申请以文件形式批量发送至基金行业平台，基金行业平台据此完成相应账户业务处理。

第二节　平台账户开立

第二十六条　一名投资人仅可以开立一个平台账户，但是本公司另有规定的除外。

基金行业平台以平台账户资料中的有效身份证明文件类型、有效身份证明文件号码作为识别投资人唯一性的判断标准。

第二十七条　基金销售机构应当协助首次通过本基金销售机构办理个人养老金投资基金业务的投资人，向基金行业平台报送平台账户开立申请。已成功为投资人办理平台账户开立业务的基金销售机构，不得再次向平台报送该投资人的平台账户开立申请。基金销售机构再次向平台报送该投资人平台账户开立申请的，平台将对相应申请做失败处理。

第二十八条　基金行业平台按照以下流程对平台账户开立业务进行实时处理。

（一）基金销售机构根据投资人申请向基金行业平台提交投资人平台账户开立申请，申请中提交的投资人手机号码应当与该投资人在资金账户行处预留的手机号码保持一致。

（二）基金行业平台对基金销售机构发送的平台账户开立申请进行检查：对于申请中的资金账户已与其他投资人平台账户建立关联关系的，该笔业务做失败处理；对于检查通过的，将相关申请发送对应的资金账户行。

（三）资金账户行对相关申请进行核验，并向基金行业平台发送核验结果。对于核验通过的，资金账户行还应当向平台发送该投资人的养老金账户、资金账户状态等信息，并向投资人发送业务确认短信验证码。

（四）基金销售机构应当配合投资人，通过基金行业平台向资金账户行发送投资人收到的相关业务确认短信验证码；资金账户行对短信验证码进行核验，并将核验结果反馈至基金行业平台。

（五）对于资金账户行核验通过的开户申请，基金行业平台判断该投资人是否已开立了平台账户。

（1）对于尚未开立平台账户的投资人，基金行业平台为其开立平台账户，将平台账户号码发送对应基金销售机构及资金账户行，并根据开户申请中的信息建立该平台账户与该投资人个人养老金账户、资金账户的关联关系，记录该平台账户与该基金销售机构的对应关系。

（2）对于已开立平台账户的投资人，基金行业平台将平台账户号码发送对应基金销售机构及资金账户行。对于开户申请中的信息与该投资人当前平台账户资料不一致的，基金行业平台根据开户申请中的信息更新该投资人的平台账户资料、平台账户与资金账户的关联关系。

第三节 平台账户资料相关信息变更

第二十九条 投资人（除特殊说明外，以下所称投资人均指已开立平台账户的投资人）平台账户相关信息发生变化的，各对应基金销售机构应当分别协助投资人向基金行业平台申请对相关信息进行更新。资金账户的账户号码及开户行发生变化的，应当通过资金账户变更业务办理；其他平台账户资料相关信息发生变化的，应当通过账户资料变更业务办理。平台账户资料中的个人养老金账户号码不得变更。

第三十条 基金行业平台按照以下流程对资金账户变更业务进行实时处理。

（一）基金销售机构核验投资人资金账户在该基金销售机构处没有在途业务后，可以根据投资人申请向平台提交资金账户变更申请。

（二）基金行业平台对基金销售机构发送的资金账户变更申请进行检查：如该投资人平台账户在该基金销售机构处当日发生扣款业务，则基金行业平台对该笔资金账户变更申请做失败处理；对于检查通过的，基金行业平台将相关申请发送变更后资金账户对应的资金账户行。

（三）资金账户行对相关申请进行核验，并将核验结果发送至基金行业平台。对于核验通过的，资金账户行还应当向基金行业平台发送该投资人的养老金账户、变更后的资金账户状态等信息，并向投资人发送业务确认短信验证码。

（四）基金销售机构应当配合投资人，通过基金行业平台向资金账户行发送投资人收到的相关业务确认短信验证码；资金账户行对短信验证码进行核验，并将核验结果反馈至基金行业平台。

（五）对于资金账户行核验通过的资金账户变更申请，基金行业平台据此变更该投资人平台账户资料及该销售机构处平台账户资料，并分别向原资金账户及变更后的资金账户对应的资金账户行发送相关变更结果。

（六）基金行业平台向基金销售机构发送资金账户变更申请处理结果。

资金账户变更业务处理成功后，投资人不得再使用原资金账户开展平台接入产品的认购、申购、定期定额申购业务，但是仍可以继续开展赎回、定期定额赎回、分红等业务。

第三十一条　基金销售机构应当选择以下两种处理方式之一为投资人办理资金账户变更业务，并将所选择的处理方式通过资金账户变更业务申请发送至基金行业平台：

（一）变更投资人原有交易账户关联的结算账户；

（二）为该投资人开立新的交易账户，并将变更后的资金账户设置为该交易账户的结算账户。

其中，选择采用变更投资人原有交易账户关联的结算账户方式处理的基金销售机构，应当通过份额调整业务向基金行业平台报送结算账户发生调整的基金份额信息。

第三十二条　基金行业平台按照以下流程对平台账户资料变更业务进行实时处理。

（一）基金销售机构根据投资人申请向基金行业平台提交平台账户资料变更申请。

（二）基金行业平台判断变更申请是否涉及投资人身份信息三要素变更。对于涉及投资人身份信息三要素变更的变更申请，如变更后的身份信息三要素已开立了平台账户，且账户状态正常，则基金行业平台对该笔申请做失败处理。

（三）基金行业平台判断变更申请是否涉及投资人身份信息三要素、资金账户名称、手机号码（以下统称需资金账户行核验信息）变更。对于涉及需资金账户行核验信息变更的变更申请，基金行业平台将相关信息发送给对应资金账户行进行核验。

（四）对于不涉及需资金账户行核验信息的变更申请或者经资金账户行核验通过的变更申请，基金行业平台据此变更该投资人平台账户资料及该销售机构处平台账户资料。

（五）基金行业平台向基金销售机构发送平台账户资料变更申请处理结果。

第四节　平台账户注销及销售机构对应关系撤销

第三十三条　对于持有平台接入产品份额为零，且没有在途业务的平台账户，基金销售机构可以根据投资人申请，协助投资人向基金行业平台申请注销平台账户。平台账户有多个对应基金销售机构的，各基金销售机构应当分别协助投资人向基金行业平台申请注销平台账户。

第三十四条　投资人死亡的，基金销售机构可以根据投资人个人养老金资金账户内资产的继承人等相关当事人申请，协助其向基金行业平台申请注销相关平台账户。

第三十五条　基金行业平台按照以下流程对平台账户注销业务进行实时处理。

（一）基金销售机构在核验投资人在该基金销售机构处持有的平台接入产品份额为零，且没有在途业务后，可以根据投资人申请向基金行业平台提交平台账户注销申请。

（二）基金行业平台对基金销售机构发送的平台账户注销申请进行检查。检查通过的，基金行业平台检查该平台账户是否与其他基金销售机构存在对应关系，如存在，则仅撤销该平台账户与该基金销售机构的对应关系；如不存在，则撤销该平台账户与该基金销售机构的对应关系，并注销该平台账户。

（三）基金行业平台将账户注销业务处理结果发送基金销售机构及对应资金账户行。基金销售机构应当及时将处理结果告知投资人。

第三十六条　平台账户注销后，不可恢复。基金销售机构可以根据投资人申请，协助投资人申请开立新的平台账户。

第四章　平台数据服务

第一节　一般规定

第三十七条　基金行业平台为平台参与机构提供个人养老金投资基金相关业务数据流转、平台数据推送及信息查询等服务，并按规定向人力资源社会保障部个人养老金信息管理服务平台（以下简称信息平台）报送相关数据，向中国证监会、人力资源社会保障部等部门报送个人养老金投资基金业务运行情况。

第三十八条　平台参与机构使用基金行业平台数据服务的，应当严格遵守本公司制定的相关数据接口、交互时点等技术规范要求，并及时对接收到的数据予以处理和反馈。

第三十九条　对于平台参与机构发送的不符合技术规范要求的数据，本公司有权不予处理。对于平台参与机构未按照要求于规定时点前发送至基金行业平台的数据，基金行业平台有权按照该机构已发送空文件等方式处理。

第二节　数据流转服务

第四十条　基金行业平台为平台参与机构间交互个人养老金投资基金相关业务数据提供数据流转服务。基金行业平台提供数据流转服务的范围包括资金划付指令及交收结果、投资人资金信息查询申请及反馈信息等。平台参与机构可以根据业务开展需要自行选择是否通过基金行业平台提供的数据流转服务进行数据交互。

第四十一条　基金行业平台在提供数据流转服务的过程中仅对相关数据进行格式检查，不实际参与业务，不对业务数据的真实性、准确性、完整性、合法性负责。

第四十二条 资金账户行、基金销售机构通过基金行业平台数据流转服务进行资金划付指令及交收结果数据交互的，应当按照以下流程办理。

（一）基金销售机构根据投资人当日认购、申购、定期定额申购业务申请及撤销申请情况，将相应资金划付指令发送至基金行业平台。基金行业平台将相关数据实时转发对应的资金账户行，并将资金账户行反馈的相应处理结果转发基金销售机构。

（二）资金账户行于每日规定时点前，将其当日接收到的全部资金划付指令处理情况汇总发送至基金行业平台。基金行业平台将相关数据文件转发对应基金销售机构。

（三）基金销售机构于每日规定时点前，将其应当于当日完成划付的款项（包括因认购、申购、定期定额申购失败等原因导致的退款及因赎回、分红等业务产生的应付款项）的汇总及明细数据对账文件发送至基金行业平台，基金行业平台将相关数据文件转发对应资金账户行。

（四）资金账户行于每日规定时点前，将其当日完成处理的款项入账结果（包括因认购、申购、定期定额申购失败等原因导致的退款及因赎回、分红等业务产生的应付款项）发送至基金行业平台，基金行业平台将相关数据文件转发对应基金销售机构。

（五）资金账户行于每日规定时点前，将其应当于当日完成划付的款项（包括因基金认购、申购、定期定额申购等业务产生的应付款项）的汇总及明细数据对账文件发送至基金行业平台，基金行业平台将相关数据文件转发对应基金销售机构。

第四十三条 资金账户行、基金销售机构通过基金行业平台数据流转服务进行投资人资金信息查询申请及反馈信息数据交互的，应当按照以下流程办理：

（一）基金销售机构将投资人资金信息（包括缴费剩余额度、

资金余额等）查询申请发送至基金行业平台，申请中应当包含投资人平台账户、资金账户及开户行等信息；

（二）基金行业平台将查询申请实时转发对应资金账户行，并将资金账户行反馈的查询处理情况及查询结果（如有）转发对应基金销售机构。

第三节　平台数据推送及信息查询服务

第四十四条　基金行业平台每日向资金账户行、基金销售机构发送已接入平台的资金账户行、基金销售机构名单。

第四十五条　基金行业平台每日向基金销售机构发送平台接入产品名单。

第四十六条　基金行业平台每日向基金销售机构发送与其相关的平台账户资料增量对账数据。

第四十七条　基金销售机构可以向基金行业平台申请查询平台账户业务办理情况，基金行业平台实时反馈相应查询结果。

第四十八条　基金销售机构可以向基金行业平台申请查询投资人平台账户与基金账户、交易账户、资金账户间的关联关系建立情况，基金行业平台实时反馈相应查询结果。

第四十九条　资金账户行可以向基金行业平台申请查询其为投资人开立的资金账户的相关交易账户（即结算账户为该资金账户的交易账户）是否持有平台接入产品份额，基金行业平台实时反馈相应查询结果，查询结果不包含具体持有的份额数量。

第四节　数据报送

第五十条　基金行业平台基于平台参与机构报送的数据记录、更新投资人平台账户与其用于开展个人养老金投资业务的基金账户、交易账户、资金账户间的关联关系及投资人个人养老金投资基金情况，并向信息平台报送平台参与机构信息、平台接入产品信息、投资人投资个人养老金基金相关信息等数据，向中国证监会、人力资源社会保障部等部门报送个人养老金投资基金业务运行情况。

第五十一条 基金管理人、基金销售机构应当按照规定向基金行业平台报送其开展个人养老金投资基金相关业务数据，并确保其报送数据内容的真实性、准确性、完整性、及时性、合法性。

第五十二条 基金销售机构应当于每日规定时点前向基金行业平台报送当日平台账户类业务申请汇总、账户对应关系、交易申请汇总、交易确认、分红及份额对账等数据文件，并及时接收、检查基金行业平台反馈的结果，如对相关结果有疑义的，应当及时联系本公司核实。

第五十三条 基金管理人应当自基金养老份额类别接入平台之日起，每日向基金行业平台发送该养老份额类别的净值信息。

基金管理人可以向本公司申请，将其管理的平台接入产品的份额登记机构及相关基金销售机构通过公募基金行业注册登记数据中央交换平台交换的基金业务数据用于向基金行业平台的净值信息报送，但是相关报送责任仍由基金管理人承担。

第五章 附 则

第五十四条 除特殊说明外，本指引中所述日均指交易日。

第五十五条 基金管理人销售其管理的基金，开展基金行业平台相关业务的，适用本指引基金销售机构的相关规定。

第五十六条 本指引由本公司负责解释。

第五十七条 本指引自 2022 年 11 月 4 日起施行。

（七）《商业银行和理财公司个人养老金业务管理暂行办法》

该文件于 2022 年 11 月 17 日由银保监会印发。主要规定了个人养老金业务的范围、参与机构的条件、业务管理要求、信息报送机制、监督管理措施以及法律责任等内容，旨在规范商业银行和理财公司开展个人养老金业务，保护投资者权益，促进养老保险体系发展。

中国银保监会关于印发商业银行和理财公司个人养老金业务管理暂行办法的通知

银保监规〔2022〕16 号

各银保监局，各大型银行、股份制银行、理财公司，各保险集团（控股）公司、保险公司、保险资产管理公司、养老金管理公司，中国银行保险信息技术管理有限公司、银行业理财登记托管中心有限公司：

为推进多层次、多支柱养老保险体系建设，促进商业银行和理财公司个人养老金业务发展，现将《商业银行和理财公司个人养老金业务管理暂行办法》（以下简称《暂行办法》）印发给你们，并就有关事项通知如下：

一、切实提高思想认识。开展个人养老金业务，是践行金融工作人民性的重要举措。各参与机构应提高思想认识，坚持以人民为中心的发展思想，丰富个人养老金产品供给，切实满足人民群众多样化养老需求，助力第三支柱养老保险体系健康发展。

二、积极开展筹备工作。截至 2022 年三季度末，一级资本净额超过 1 000 亿元、主要审慎监管指标符合监管规定的全国性商业银行和具有较强跨区域服务能力的城市商业银行，可以开办个人养老金业务。截至 2022 年三季度末已纳入养老理财产品试点范围的理财公司，可以开办个人养老金业务。理财公司应当按照《暂行办法》要求制定开办个人养老金业务方案，对拟参与个人养老金运行的理财产品开展可行性评估，并将业务方案报送银保监会。商业银行、理财公司应当履行主体责任，尽快完成业务筹备工作，确保制度建设、人员配备、系统对接等满足个人养老金业务需求。

三、及时报告业务开展情况。商业银行、理财公司应当在正式开办个人养老金业务后10日内向其直接监管责任单位报告制度建设、人员配备、系统对接、产品管理等情况。银保监会及其派出机构应当持续监测个人养老金业务运行情况和风险状况，督促商业银行、理财公司稳妥有序开展个人养老金业务。

四、商业银行、理财公司在国家有关部门选定的个人养老金制度试行城市开展业务，后续按照国家有关规定逐步推开。

中国银保监会

2022年11月17日

商业银行和理财公司
个人养老金业务管理暂行办法

第一章　总　则

第一条　为推进第三支柱养老保险体系建设，规范商业银行和理财公司个人养老金业务，根据《中华人民共和国商业银行法》《中华人民共和国银行业监督管理法》《中华人民共和国保险法》等法律法规以及《国务院办公厅关于推动个人养老金发展的意见》（国办发〔2022〕7号），制定本办法。

第二条　本办法所称个人养老金业务，是指商业银行和理财公司按照国家有关规定开展、市场化运营、政府提供政策支持、实现养老保险补充功能的业务。

第三条　本办法所称参加人，是指符合国家有关规定，在中国境内参加城镇职工基本养老保险或者城乡居民基本养老保险的劳动者。

第四条　本办法所称个人养老金资金账户（以下简称资金账户），是指具有个人养老金缴费、交易资金划转、收益归集、支付和缴纳个人所得税、信息查询等功能的特殊专用账户，参照个人人民币银行结算账户项下Ⅱ类户管理（以下简称Ⅱ类户）。未达到国家规定领取条件的，资金账户封闭运行。

第五条　本办法所称个人养老金产品，是指符合金融监管机构要求，运作安全、成熟稳定、标的规范、侧重长期保值的金融产品。包括个人养老储蓄、个人养老金理财产品、个人养老金保险产品、个人养老金公募基金产品等。

第六条　中国银行保险信息技术管理有限公司和银行业理财登记托管中心有限公司分别建立个人养老金银行保险行业信息平台（以下简称银保行业平台）和个人养老金理财产品行业信息平台（以下简称理财行业平台）。

银保行业平台和理财行业平台按照个人养老金制度要求和实际业务情况，与人力资源社会保障部建立的个人养老金信息管理服务平台（以下简称人社信息平台），银保监会确定可开展个人养老金业务的商业银行、理财公司，以及其他经金融监管机构确定的个人养老金产品发行、销售、托管等机构建立系统对接，为个人养老金业务提供支持，并制定行业平台业务细则。

第七条　商业银行、理财公司应当建立健全消费者权益保护机制，完善消费者权益保护内部考核体系，构建便捷高效的投诉处理渠道，将消费者权益保护要求嵌入个人养老金业务全流程管理体系。

第八条 开办个人养老金业务的商业银行和理财公司名单由银保监会确定。银保监会及其派出机构依照本办法，对商业银行和理财公司个人养老金业务经营活动进行监督管理。

第二章 商业银行个人养老金业务

第一节 一般规定

第九条 商业银行个人养老金业务包括：

（一）资金账户业务；

（二）个人养老储蓄业务；

（三）个人养老金产品代销业务，包括代销个人养老金理财产品、个人养老金保险产品、个人养老金公募基金产品等，国务院金融监管机构另有规定的除外；

（四）个人养老金咨询业务；

（五）银保监会规定的其他个人养老金业务。

第十条 开办个人养老金业务的商业银行应当建立个人养老金业务管理系统，与人社信息平台、银保行业平台、理财行业平台对接，取得验收合格意见或符合相关要求。

商业银行应当定期对个人养老金业务管理系统开展技术评估，确保基础设施水平、网络承载能力、技术人员保障能力、运营服务能力与业务规模相匹配。

第十一条 商业银行应当建立健全个人养老金业务管理制度和操作规程，将个人养老金业务风险管理纳入商业银行全面风险管理体系，确保业务经营符合法律法规及相关监管规定。

商业银行负责个人养老金业务的部门以及内部审计、内控管理等职能部门应当根据职责分工，建立并有效实施个人养老金业务内部监督检查和跟踪整改制度。

第十二条　商业银行应当建立个人养老金业务档案管理制度，按照规定保存业务相关的个人信息、缴费和养老金领取等账务交易信息，以及在个人养老金产品销售环节涉及的文件、记录等资料。

第十三条　商业银行应当通过公开渠道，公布个人养老金业务基本情况、办理要求、业务流程、服务内容、咨询和投诉方式、客户服务联系方式等信息，并提供个人养老金信息查询、交易办理等服务。

第二节　个人养老金资金账户

第十四条　商业银行提供以下资金账户服务：

（一）提供资金账户开立或指定、注销、变更服务，资金账户不受参加人持有的Ⅱ类户数量限制；

（二）提供个人养老金缴费和领取服务；

（三）可以为参加人通过其他银行账户、非银行支付机构、现金等途径缴费提供划转服务（不受Ⅱ类户非绑定账户资金转入限制），为参加人、个人养老金产品销售机构等提供与个人养老金产品交易相关的资金划转服务（不受Ⅱ类户划转金额限制）；

（四）提供资金账户信息管理服务，完整记录资金账户基础信息、缴费信息、资金结算信息、扣缴税款信息等；

（五）提供资金账户信息查询服务；

（六）银保监会规定的其他事项。

资金账户缴费上限按照国家有关规定执行，商业银行不得为参加人提供超过额度上限的缴费服务。

第十五条　商业银行对资金账户免收年费、账户管理费、短信费、转账手续费。

第十六条　个人养老金缴费归集、交易资金划转等，以资金账户为唯一载体。个人养老金产品相关交易行为涉及的资金往来，除另有规定外，应当从资金账户发起，并返回资金账户。

第十七条 资金账户可以由参加人在开办个人养老金业务的商业银行开立或指定，也可以由参加人通过其他符合规定的个人养老金产品销售机构，在开办个人养老金业务的商业银行指定，但不得由个人养老金产品销售机构直接在商业银行开立。

商业银行可以通过柜面或电子渠道为参加人办理资金账户开立或指定服务。资金账户不受六个月未发生交易暂停非柜面服务限制。

第十八条 资金账户具有唯一性，参加人只能选择一家符合条件的商业银行确定一个资金账户，商业银行只能为同一参加人开立一个资金账户。

第十九条 商业银行应当为参加人提供资金账户变更服务，并做好新旧账户衔接和旧账户注销。账户变更涉及资金转入或转出的，不受Ⅱ类户划转金额限制。因账户变更导致旧账户资金转入新账户的，资金转入不计入当年缴费额度。

资金账户发生缴存业务当日，商业银行不得办理账户变更手续。账户变更期间，原资金账户不允许办理缴存、投资以及支取等业务。

第二十条 参加人向商业银行申请开立资金账户，可以由本人办理或委托他人办理，也可以委托在职单位批量办理。

参加人委托他人或单位开立资金账户后，应当按照账户实名制要求，及时办理账户激活手续并设置交易密码。

第二十一条 代理开立资金账户的，商业银行应当要求代理人提供代理人、被代理人有效身份证件的复印件、合法的授权委托书等。商业银行对代理人身份信息的核验应比照本人申请开立资金账户进行，并联系被代理人进行核实。无法确认代理关系的，商业银行不得办理该资金账户开立业务。

商业银行应当登记代理人和被代理人的身份信息，留存代理人和被代理人有效身份证件的复印件或影印件、以电子方式存储的身份信息以及授权委托书原件等，有条件的可以留存开户过程的音频或视频等资料。

第二十二条　单位代理职工开立资金账户的，应当提供单位证明材料、被代理人有效身份证件的复印件或影印件等材料。

单位代理开立资金账户的，在参加人持本人有效身份证件到开户银行营业网点办理身份确认、密码设（重）置等激活手续前，商业银行可以向参加人提供资金转入、产品购买等服务，但不得提供资金领取服务。

第二十三条　商业银行开立资金账户，应当严格落实个人账户实名制要求，做好客户身份信息收集与核查、反洗钱和反恐怖融资筛查、涉赌涉诈筛查等，并完成手机短信验证等必要身份核验工作。

商业银行为参加人办理在线开户服务时，应当将相关有效的生物特征识别技术或其他安全有效的技术作为身份核验的辅助手段，核实身份信息。

第二十四条　商业银行开立资金账户，应当登记开户人的基本信息、辅助身份证明文件信息、核验记录等，以电子或纸质方式留存开户人身份信息。

第二十五条　商业银行应当加强异常开户行为审核，有下列情形之一的，不应办理开户手续：

（一）对单位和个人身份信息存在合理疑问，要求出示其他必要的可证明身份的辅助证件，单位和个人拒绝出示的；

（二）代理开立资金账户时，无法提供单位证明、被代理人有效身份证件的复印件或影印件等材料的；

（三）有理由怀疑开立资金账户从事违法活动的。

第二十六条 商业银行发现资金账户为假名或虚假代理开户的，应当对该资金账户予以临时止付，重新进行身份识别，并在征得被冒用人或被代理人同意后予以销户。账户资金列入专户管理。重新进行身份识别后确定资金账户确为参加人开立的，应当及时解除临时止付措施。

第二十七条 资金账户封闭运行。符合国家规定的领取条件后，经参加人提出，商业银行审核并报人社信息平台核验，可以为参加人办理按月、分次或一次性领取服务，将资金划转至参加人本人社会保障卡银行账户。资金领取时，不受Ⅱ类户转出金额限制。

参加人身故的，资金账户的资产可以依法被继承，商业银行按照继承人要求办理产品赎回等。参加人因出国（境）定居、身故等原因，无社会保障卡的，商业银行审查后，在符合有关规定的前提下，可以将资金账户内资金转移至参加人本人或继承人指定的其他银行账户。

第二十八条 存在以下情形的，商业银行应当注销资金账户：

（一）资金账户已变更，相关资产已转移完成的；

（二）参加人达到养老金领取条件，相关资金已领取完毕，且完成个人所得税代扣代缴的；

（三）法律法规或银保监会规定的其他情形。

在发生前款第（一）项和第（二）项情形时，商业银行应当告知参加人。

第二十九条 商业银行应当在网络查控平台、电子化专线信息传输系统等相关平台和系统对资金账户进行特殊标识，并作出在符合国家规定的领取条件前，限制冻结、扣划的设置。

第三节　个人养老金产品

第三十条　银保监会及其派出机构对个人养老储蓄、个人养老金理财等个人养老金产品进行动态监管，对不满足个人养老金业务监管要求的产品实施退出。

第三十一条　商业银行发行与代销的个人养老金产品，应当符合金融监管机构有关规定。商业银行不得向参加人推荐和销售不符合金融监管机构规定的个人养老金产品。

第三十二条　商业银行应当为金融监管机构确定的个人养老金产品提供投资交易和购买服务，并做好产品交易信息核对。资金账户的资金只能用于购买金融监管机构确定的个人养老金产品，无法确认是否在购买范围内或缺少销售机构等必要信息的，不允许办理交易手续。

商业银行应当按照产品交易规则，为参加人提供个人养老金产品的各类交易、查询等服务。商业银行向参加人提供的个人养老金产品信息，包括但不限于管理人或保险人情况、投资策略、投资范围、历史投资业绩、保险责任、除外责任等。

参加人自主选择购买个人养老金产品，并依法承担投资风险。

第三十三条　商业银行应当按照监管规定，对其发行和代销的个人养老金产品按照统一制度、标准、流程进行管理。商业银行应当建立健全内部管理制度，包括合作机构管理、产品准入管理、投资人适当性管理、销售管理、全面风险管理、信息披露和保密管理、投诉和应急处理、销售系统支持等，并及时对存在严重违规行为、重大风险或其他不符合合作标准的机构与产品实施退出。

第三十四条　商业银行应当建立利益冲突防范机制，公平对待符合规定的个人养老金产品发行机构和销售机构。

第三十五条 开办个人养老金业务的商业银行所发行的储蓄存款（包括特定养老储蓄，不包括其他特定目的储蓄）可纳入个人养老金产品范围，由参加人通过资金账户购买。参加人仅可购买其本人资金账户开户行所发行的储蓄产品。

第三十六条 资金账户开户行可开办个人养老金咨询业务，为参加人提供个人养老金产品投资咨询服务。个人养老金咨询业务所涉及的产品标的，应当为金融监管机构确定的个人养老金产品。涉及个人养老金公募基金产品的，还应当符合中国证监会有关规定。

第三章 理财公司个人养老金业务

第三十七条 本办法所称个人养老金理财产品是指符合金融监管机构相关监管规定，由符合条件的理财公司发行的，可供资金账户投资的公募理财产品。

个人养老金理财产品应在销售文件中明确标识“个人养老金理财”字样。

第三十八条 理财公司作为个人养老金理财产品发行机构，应当符合相关审慎监管要求，建立完善、有效的公司治理、内部控制和风险管理体系，制定完备的个人养老金理财产品内部管理制度，具备与开展个人养老金理财业务相适应的信息系统，与理财行业平台对接，能够提供相应的技术支持和运营保障。

理财公司可以销售本机构发行的个人养老金理财产品。

第三十九条 个人养老金理财产品应当符合法律法规及相关监管规定，具备运作安全、成熟稳定、标的规范、侧重长期保值等特征，包括：

（一）养老理财产品；

（二）投资风格稳定、投资策略成熟、运作合规稳健，适合个人养老金长期投资或流动性管理需要的其他理财产品；

（三）银保监会规定的其他理财产品。

第四十条　个人养老金理财产品允许投资者通过资金账户购买的同时，还允许通过其他账户购买的，应符合以下要求：

（一）针对通过资金账户购买份额设置单独的份额类别，并在销售文件中进行明确标识；

（二）公平对待通过资金账户或其他账户购买的所有投资者。

第四十一条　开办个人养老金业务的商业银行应当建设与个人养老金理财产品相适应的信息系统，与理财行业平台对接，根据人社信息平台和理财行业平台发布的信息，通过适当方式向参加人完整披露个人养老金理财产品名单，保障参加人的合法权益。

第四十二条　对于本办法施行后新发行的个人养老金理财产品，理财公司应当委托与本机构不存在关联关系且符合以下条件的商业银行为其提供托管服务：

（一）具有全国社会保障基金、基本养老保险基金和企业年金基金托管业务资格；

（二）具有养老理财产品托管业务经验；

（三）具备与托管个人养老金理财产品相适应的信息系统，与理财行业平台对接，能够提供相应的技术支持和运营保障；

（四）银保监会规定的其他条件。

第四十三条　个人养老金理财产品发行机构、销售机构和托管机构在商业可持续基础上，可以对个人养老金理财产品的销售费、管理费和托管费实施一定的费率优惠。

第四十四条　个人养老金理财产品发行机构和销售机构应当引导投资者树立长期投资、合理回报的投资理念。

第四十五条　个人养老金理财产品发行机构和销售机构应当按照法律法规及相关监管规定，通过公开渠道，真实准确、合理客观、简明扼要地披露个人养老金理财产品相关信息，不得宣传策略保本，不得承诺或宣传保本保收益。

个人养老金理财产品发行机构和销售机构为投资者提供产品份额转换、默认投资选择等服务的，应当符合个人养老金相关制度和监管规定，并向投资者充分披露信息和揭示风险。

第四十六条 个人养老金理财产品发行机构、销售机构和托管机构应当在人员数量和资质、激励和考核机制以及信息系统建设等方面给予个人养老金理财产品业务足够支持，确保业务开展具备所需要的各类资源。

个人养老金理财产品发行机构应当建立专门的个人养老金理财产品投资研究团队，优选投资经验丰富、投资业绩良好、无重大管理失当行为或重大违法违规记录的投资人员担任投资经理。

个人养老金理财产品发行机构和销售机构应当完善个人养老金理财产品内部考核机制，强化激励约束，建立兼顾收益与风险的长周期绩效考核机制，将长期投资收益等纳入投资经理和销售人员考核评价和薪酬体系。

第四章　信息报送

第四十七条 个人养老储蓄、个人养老金保险产品的信息交互和数据交换通过银保行业平台进行。个人养老金理财产品的信息交互和数据交换通过理财行业平台进行。商业银行和理财公司按照要求分别向银保行业平台和理财行业平台报送信息。

第四十八条 商业银行为参加人开立资金账户后，应当及时将以下信息报送至银保行业平台：

（一）个人基本信息，包括个人身份信息、资金账户信息等；

（二）产品投资信息，包括产品交易信息、资产信息等；

（三）资金信息，包括缴费信息、资金划转信息、相关资产转移信息、领取信息、资金余额信息、缴纳个人所得税信息等。

第四十九条　涉及个人养老金理财产品的，商业银行或理财公司应当及时将以下信息报送至理财行业平台：

（一）由商业银行和直接销售个人养老金理财产品的理财公司报送个人基本信息；

（二）由商业银行报送资金信息，包括缴费信息、资金划转信息、相关资产转移信息、领取信息、资金余额信息、缴纳个人所得税信息等；

（三）由提供托管服务的商业银行报送产品托管信息；

（四）由理财公司报送产品投资信息，包括产品交易信息、资产信息、投资者交易明细和持仓情况等。

第五十条　根据业务流程和信息时效性需要，商业银行按照实时、定期批量两类时效，向银保行业平台报送信息，其中：

（一）商业银行办理资金账户开立、变更、注销等服务时，应当实时报送信息；

（二）商业银行办理完资金账户缴费、资金领取，以及个人养老金产品相关交易服务后，应当定期批量报送信息；

（三）商业银行发行个人养老储蓄和代销个人养老金保险产品的，应当定期批量报送信息。

第五十一条　涉及个人养老金理财产品交易的，商业银行应当将资金账户变更、注销等账户信息以及个人养老金理财产品相关交易信息实时报送理财行业平台，将资金账户缴费、领取等资金信息定期批量报送理财行业平台。理财公司应当将发行的个人养老金理财产品及销售机构、托管机构、投资者信息定期批量报送理财行业平台。

第五十二条　发生可能对资金账户和个人养老金产品运营产生重大影响的事件时，商业银行应当立即将事件起因、现状和可能产生的后果等，报告相关金融监管机构和人力资源社会保障部门，并积极采取应对措施。

第五十三条 商业银行开展个人养老金业务，发现参加人有涉嫌洗钱、逃避税收管理等违法违规行为的，应当按照国家有关规定及时向相关部门报告。

第五十四条 商业银行、理财公司、银保行业平台、理财行业平台应当于每年1月31日前，向银保监会或其派出机构报送上一年度个人养老金业务情况报告。

第五章 监督管理

第五十五条 银保监会根据本办法，向社会公布可开办个人养老金业务的商业银行和理财公司名单。理财行业平台定期向社会公布个人养老金理财产品名单。

第五十六条 银保监会对开办个人养老金业务的商业银行和理财公司进行持续监管。对于不满足个人养老金业务监管要求的商业银行和理财公司，银保监会及其派出机构有权责令该机构改正。逾期未改正或存在其他严重情节的，银保监会及其派出机构有权停止该机构新开展个人养老金业务，并视情况将其移出名单。对于不满足监管要求的个人养老金理财产品，将不定期移出名单。

商业银行被停止新开展个人养老金业务期间，应当做好存量业务缴费、产品转换、个人养老金领取等服务和数据报送工作。

理财公司被停止新开展个人养老金业务期间，应当暂停已发行个人养老金理财产品的申购。

个人养老金理财产品被移出名单后，理财公司和个人养老金理财产品销售机构应当暂停该产品申购并妥善处理，充分保障投资者合法权益。

第五十七条 商业银行有下列行为之一的，由银保监会及其派出机构依照有关法律法规，对商业银行和（或）直接负责的董事、高级管理人员和其他直接责任人员采取相应措施：

（一）未建立或执行资金账户相关业务管理、操作规程、风险防控、信息保密等制度的；

（二）违反规定为个人办理资金账户开立、变更、个人养老金缴费及领取、个人养老金产品销售等业务的；

（三）未按规定对资金账户开户申请人身份信息进行审核和验证，造成虚假开户或冒用开户的；

（四）未按规定及时向人社信息平台和银保行业平台、理财行业平台报送信息的；

（五）其他违反本办法及有关规定的行为。

第五十八条　商业银行工作人员泄露资金账户信息等内容的，按照有关法律法规等进行处罚。构成犯罪的，依法追究刑事责任。

第五十九条　商业银行应当审慎经营资金账户业务，若因违反规定等被移出可开办个人养老金业务机构名单，或商业银行因解散、被撤销和被宣告破产而终止的，其资金账户及资金应转让给其他开办个人养老金业务的商业银行。

不能与其他商业银行达成转让协议的，由银保监会按照有关法律法规，将资金账户及资金有序转至其他可开办个人养老金业务的商业银行。

第六章　附　则

第六十条　资金账户与个人人民币银行结算账户项下Ⅱ类户有关管理要求不一致的，按照本办法执行。

第六十一条　本办法由银保监会负责解释。

第六十二条　本办法自印发之日起施行。

（八）《银保监会关于保险公司开展个人养老金业务有关事项的通知》

> 该文件于2022年11月21日由银保监会印发，主要规定了个人养老金保险业务参与机构的条件、产品管理要求、信息报送机制、监督管理措施等。

中国银保监会关于保险公司开展个人养老金业务有关事项的通知

银保监规〔2022〕17号

各银保监局，各人身保险公司，中国银行保险信息技术管理有限公司：

为推进多层次、多支柱养老保险体系建设，促进保险公司开展个人养老金业务，根据《中华人民共和国保险法》等法律法规和《国务院办公厅关于推动个人养老金发展的意见》（国办发〔2022〕7号），现就有关事项通知如下：

一、保险公司应当落实个人养老金制度要求，提供简明易懂、安全稳健、长期保值增值的商业养老保险，健全客户权益保护机制，满足人民群众日益增长的多样化养老需求。

二、符合以下条件的保险公司可以开展个人养老金业务：

（一）上年度末所有者权益不低于50亿元且不低于公司股本（实收资本）的75%；

（二）上年度末综合偿付能力充足率不低于150%、核心偿付能力充足率不低于75%；

（三）上年度末责任准备金覆盖率不低于100%；

（四）最近4个季度风险综合评级不低于B类；

（五）最近3年未受到金融监管机构重大行政处罚；

（六）具备完善的信息管理系统，与银行保险行业个人养老金信息平台（以下简称银保行业平台）实现系统连接，并按相关要求进行信息登记和交互；

（七）银保监会规定的其他条件。

养老主业突出、业务发展规范、内部管理机制健全的养老保险公司，可以豁免第一款关于上年度末所有者权益不低于50亿元的规定。

三、保险公司开展个人养老金业务，可提供年金保险、两全保险，以及银保监会认定的其他产品（以下统称个人养老金保险产品）。个人养老金保险产品应当符合以下要求：

（一）保险期间不短于5年；

（二）保险责任限于生存保险金给付、满期保险金给付、死亡、全残、达到失能或护理状态；

（三）能够提供趸交、期交或不定期交费等方式满足个人养老金制度参加人（以下简称参加人）交费要求；

（四）银保监会规定的其他要求。

四、保险公司申请个人养老金保险产品保险条款和费率审批或备案的，除规定材料外还应当提交以下材料：

（一）对上年度末所有者权益、偿付能力充足率、责任准备金覆盖率，以及最近4个季度风险综合评级情况的说明；

（二）最近3年受到金融监管机构行政处罚情况的说明；

（三）与银保行业平台对接情况的说明；

（四）对本公司个人养老金保险产品的保险条款和费率使用情况的说明。

保险公司可以通过申请变更保险条款和费率审批或备案的方式，将现有保险产品纳入个人养老金保险产品。对于已经审批的专属商业养老保险产品，保险公司应当向银保监会报送上述说明材料，无须另行申请变更保险条款和费率审批。

五、按照本通知规定通过保险条款和费率审批或备案的产品可纳入个人养老金保险产品名单。银保行业平台应当定期公布个人养老金保险产品名单。

六、保险公司与参加人签订保险合同前，应当就以下事项专门做出说明：

（一）个人养老金制度及其税收政策；

（二）个人养老金资金账户管理要求；

（三）银保行业平台信息管理要求。

七、经参加人授权，保险公司可以依法合规提供以下服务：

（一）协助参加人在人力资源社会保障部个人养老金信息管理服务平台开立个人养老金账户；

（二）协助参加人办理个人养老金资金账户指定或者变更；

（三）将参加人相关信息在银保行业平台登记。

八、保险公司应当与参加人单独签订保险合同，并在公司相关信息系统中对该合同做出明确标识，不得接受其使用个人养老金资金账户内资金为他人投保。

九、保险公司应当加强个人养老金资金管控，个人养老金保险产品相关业务发生的各类资金往来应当符合个人养老金资金账户封闭管理要求。

十、保险公司按照合同约定的因参加人死亡、全残、达到失能或护理状态而支付的保险赔款，不返回参加人个人养老金资金账户。保险公司应当加强保险赔款信息管理，按要求向银保行业平台等报送信息。

十一、保险公司应当在自营网络平台、移动客户端等为个人养老金相关业务建立专区，提供业务咨询、权益查询、信息披露、消费投诉、教育宣传等服务。其中，保险公司提供的个人权益信息包括但不限于交费情况、现金价值，以及相关保险责任等。

十二、保险公司应当切实履行销售管理主体责任，健全管理制度体系，加强机构管理、人员管理和销售行为全流程管控。保险公司负责制作销售宣传材料并督促使用，不得授权分支机构、中介机构或个人自行制作或修改。

十三、银保监会及其派出机构应当加强对保险公司经营个人养老金相关业务的监管，对于产品管理、销售管理、投资管理、信息披露等方面发现的问题，采取风险提示、监管约谈、责令限期整改等监管措施，依法进行行政处罚。对涉嫌犯罪的，移送司法机关处理。

十四、开展个人养老金业务的保险公司应当于每年 1 月 31 日前，向银保监会及其相关派出机构报送上一年度个人养老金业务经营报告，包括经营情况、保险条款和费率审批或备案情况、资金运用情况等。

十五、中国银行保险信息技术管理有限公司负责建设并运营银保行业平台，支持保险公司承保、理赔、保全等运营操作，按照规定将银保行业平台与人力资源社会保障部个人养老金信息管理服务平台、相关金融机构建立系统连接，制定银保行业平台运营管理制度，做好信息统计和数据报送，落实数据安全责任。

中国银保监会

2022 年 11 月 21 日